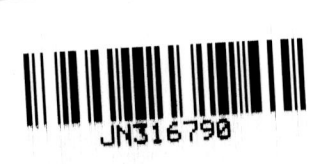

豊かな老後生活を目指した高齢者介護支援

保健医療福祉の連携より

三 原 博 光

松本百合美

[編著]

関西学院大学出版会

豊かな老後生活を目指した高齢者介護支援

保健医療福祉の連携より

はじめに

わが国は先進諸国のなかでも、急激に高齢社会を迎えている。この高齢社会の問題に対応するために、2000年には高齢者介護の福祉サービスの充実と介護の社会化を目指し、公的介護保険制度が確立された。そして、様々な在宅福祉サービスが提供され、多くの国民はこの新しい制度による福祉サービスを期待した。また、1989年「社会福祉士及び介護福祉士法」が成立し、社会福祉士･介護福祉士の国家資格制度が確立された。そして、全国各地にこれら専門家養成のための教育機関（専修学校、短期大学、4年生大学）が開設され、福祉の援助を求める人々のニーズに専門的に応えるために、多くの若者達が希望と夢を持ち、養成校に入学した。このような社会福祉施策の動向を見る限り、日本の社会福祉施策が欧米先進諸国の社会福祉施策と遜色がないように見える。しかし、現実には高齢者虐待・殺人・心中・孤独死、社会福祉施設の低賃金と過重労働による職員の慢性的なマンパワー不足、社会福祉士・介護福祉士養成校の定員割れによる学科･学校閉鎖などの問題がマスコミなどを通じて報道され、多くの国民は、わが国の将来の高齢者福祉に対して失望していると言わざるを得ない。ただ、多くの国民がわが国の高齢者福祉施策に失望し、国の行政機関を単に批判しただけでは､高齢者の介護問題を抱える家族や施設職員にとっては､現実は何も変わらない｡大切な事は､これから老後を迎える､あるいは現在､老後を迎えている人々にとっては、健康的で生き生きした老後生活を過ごすための健康の情報やレクリエーション、音楽などの余暇技術の情報を得ることである。一方、現在、在宅や施設で寝たきり高齢者や認知症高齢者を介護している人々にとっては、高齢者の残された人生の時間を有意義に過ごして頂くために、質の高い専門的介護技術・知識の情報を得て、良質な介護サービスを提供することである。高齢者が生き生きとした充実した老後生活を過ごすことの出来る環境作りが重要であり、高齢者の生活や人生を尊重する社会は、人間一人ひとりを尊重する精神的豊かな社会に繋がると考えられる。

編者は、大学に身を置きながら、一般の人びと、学生、既に介護の現場で従事している方々を対象に介護に関する一般的なテキストではなく、わが国の将来の介護に希望を見出せる事のできる介護の専門書の出版ができないかと考えた。そこで、編者は、介護施設の現場との結びつきを大切にしながら、フィールドワークをし、将来の介護に関する研究を嘱望されている若手の専門家に執筆をお願いした。読者は、本書を読めば、高齢者の健康・心理・余暇・介護問題、知的障害者の高齢化、海外の介護情報を得ることが可能となり、介護の現実と展望を見出すことができよう。

わが国の平均寿命は男性79.53歳、女性は86.35歳となり(2013年、現在)、わが国は長寿大国である。人間はどのような富や財産を得、健康な生活を過ごしていたとしても、最後に一人ひとりに必ず老いと介護の問題が直面して来る。そのように考えると、社会全体が一人ひとりの老後問題を真剣に捉え、希望と喜びのある老後に向けた支援システムを構築して行かなければならないであろう。

本書の出版にあたり、編者の介護に対する思いを理解して下さり、出版まで暖かく見守って下さった関西学院大学出版会田中きく代理事長に感謝する次第です。

2013年　7月7日

三原博光

目　次

第1章　高齢者の健康

平成23年の厚生労働省の統計調査結果[1)]から、男性の平均寿命は79.44年で女性の平均寿命が85.90年であるとし、男女ともに高い数値を維持している。

日本の平均寿命は年々伸びてはいるが、どのように長生きをするかが重要であり、高齢者の誰しもが他人に迷惑をかけることなく、健康的で自立した生活を送りたいと望んでいるのではないかと思われる。

平成19年度に内閣府政策統括官が実施した「高齢者の健康に関する意識調査[2)]」では、「現在の健康状態」について、総数では「普通」が30.1％で最も高く、「良い」が27.0％、「まあ良い」が23.0％となっており、「良い」と「まあ良い」の合計は半数に達している。一方、「あまり良くない」は16.6％、「良くない」は3.2％で、「あまり良くない」と「良くない」の合計は、ほぼ20％である。平成15年度調査と比較してみると「普通」が25.5％から30.1％と高くなっており、健康であると自覚している高齢者が増加してきている。また、「健康上の問題で日常生活に何か影響があるか」について尋ねてみると、総数では「ある」が18.0％、「ない」が82.0％となっている。

日本の高齢者は、自覚的にも日常的にも自身が健康的に生活できているという状況にあることがわかる。さらに、高齢者の健康状態と医療サービスを受ける頻度について米国、フランス、ドイツ、韓国の4カ国と日本を比較した調査結果（図1[3)]）をみると、健康状態については、日本は64.4％が「健康である」と回答しており、5カ国の中で最も高い。このように日本の高齢者は健康状態が相対的に良好であるが、「月1回以上医療サービスを受けている」者の比率も、56.8％と高い。

この調査結果から、日本の高齢者は、定期的に医療サービスを受けながら自己の健康を維持・管理する努力を行っていることがうかがえる。「健

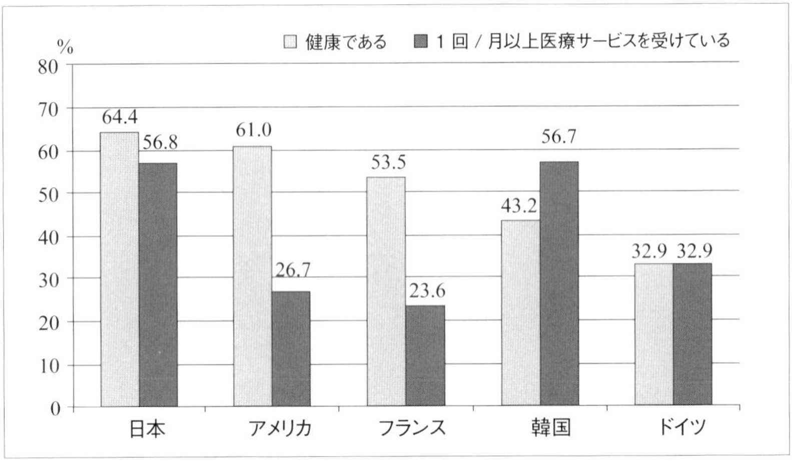

注：各国60歳以上の男女が対象（施設入所者を除く）。「現在、健康かどうか」及び「『医療サービス』を日頃どのくらい利用するか」という二つの問いに対する回答結果。
出所：内閣府「高齢者の生活と意識に関する国際比較調査」（2005年調査）

図1　高齢者の健康状態と医療の国際比較

康である」と自覚している高齢者も、病気を持っていないわけではなく、病気を持ちつつも健康を維持・管理するための行動をとることができている。

1　高齢者の健康管理を行ううえで心がけること

高齢者の身体的特徴として、加齢とともに生理的機能の低下が進むことや予備力や免疫力が低下していくので青年期や成人期と比べ回復しにくい状態にある。また慢性の疾患を持っていることが多く、それも幾つかの疾患を抱えているケースが多い。

例えば、高齢者がインフルエンザウイルスに感染したとしよう。本来感染すると、若年層では急速な体温の上昇（発熱）が起こるが、高齢者では若年層のような症状を呈することが少ない。しかし、一度上昇するとなかなか健康時の体温に戻ることが困難となる。これは、体温調節機能も若い頃に比べると反応が鈍くなるためである。また、体温調節機能に影響を及ぼすだけでなく、病気を持っている高齢者は原疾患の増悪とともに、呼吸器に二次的な細菌感染症を起こしやすくなり、肺炎、気管支炎などの合併症を起こし、入院や死亡にいたるケースもある。また、消化器系の病気に罹患していても、疼痛に対する閾値が高かったり症状が乏しかったりするため、突然の吐血や下血などで発症したことを自覚する高齢者も少なくない。そのため、潰瘍穿孔（傷が深くなって胃壁や十二指腸壁に完全に穴があいてしまう）をきたしても症状が乏しく、腹痛などの自覚症状を訴えない高齢者もいる。また出血性潰瘍などでは、一度出血すると動脈硬化性変化のために止血しにくく、再出血しやすい傾向がみられるなど、深刻な事態を招くケースが多いのも高齢者の身体的な特徴といえる。しかし、症状の出現の仕方や程度なども個人差がかなりあるために、高齢者をひとくくりで捉えることは難しく､個々の高齢者の状態に合った対応が求められる。

さらに身体的な特徴として、運動機能も低下することが知られている。それは筋力低下、全身の協調性の低下、平衡感覚の低下、柔軟性・瞬発力・敏捷性・持久力の低下を表している。運動機能の低下は高齢者の寝たきりの重大な要因となる「転倒」にも密接に関連することが指摘されている。高齢者の生活の質（Quality of life；QOL）や日常生活活動（Activity of daily living；ADL）に関わる重要な要素となるため、高齢者の運動機能を維持することは健康を考えるうえで極めて重要であるといえる。

精神的な特徴としては、内向性が高まる、あるいは外向性が低下するといった知見が多く示されている。また、頑固さは古くから高齢者の代表的な特徴として固定観念化されていたが、様々な研究によって今日では加齢による知的能力の低下が関係していることがわかっている。しかし、もともとよく適応し、柔軟で調和的な性格の持ち主は老人になってもそのような変化は示さないとし、ここでも個人差がかなりあることがうかがえる。

うつ病などの精神障害は70歳代前半が最も多く、身体的な病気からうつ状態となり、自殺に繋がっているケースが少なからずあることは注目すべき点である。

2　高齢者の健康と生活指導

沢山の持病を抱えて生活している高齢者は少なくなく、適切な医療を受けることによって、前述したように日本の平均寿命は延びている現状にある。しかし、一番重要なことは持病を抱えていても、医療によって生かされた受身の人生を送るのではなく、自分らしく生きるための能動的な生活を送ることが健康的な生活に繋がるのである。

そのためには、以下のような生活指導を実践していくことが重要となる。

(1) 生活の自立に必要な要素

世界保健機関（WHO）が指摘するように、高齢者の健康の基準は「生活機能の自立度にすべきである」とするならば、セルフケア能力（健康管理を自分自身で行うことができる能力）を維持していくことが重要となる。

なぜならば、人は、食事や排泄、清潔などさまざまな日常生活においてセルフケア行動をとることで、自分の健康を維持し守っているからである。

①身体活動の維持

日常生活を支障なく送れるためには、日頃から自分の身の回りのことは自分で行うことが大切である。老年期には骨の変形や筋力量の減少が起こるため、生活動作にも影響を及ぼすことになる。特に高齢者の脊柱は加齢とともに変形していき、いわゆる“猫背”の姿勢となるために、立位の姿勢をとったときは膝関節を屈曲し足関節を背屈して重心のバランスをとっている。このような不良姿勢で歩行をする際は転倒などの危険が伴うため、個人の身体機能の状態に見合った日常生活活動（炊事、洗濯、掃除など含む）を行うことが重要となる。高齢者の日常生活活動の自立度は、QOL（Quality of life）と深く関係していると考えられていることから、日頃の日常生活の過ごし方が大きく影響することになる。また、特に高齢者は日常生活の中に、常に転倒の危険が伴っていることから、日常生活活動の他にも、運動を禁止されていなければ、軽い運動（持久力運動、筋力強化、バランス訓練、柔軟性運動など）によって筋力や関節可動域を維持するなどし、生活活動の自立度を維持することも必要である。

高齢者の運動プログラムについては、個人差が大きいので、性別，体力，既往歴，障害の有無などを考慮して決定する必要がある。

高齢者の運動の基本的な内容

1. 個人の体力に応じた運動
2. 部分運動ではなく、全身運動
3. 無酸素運動ではなく、有酸素運動
4. 危険の少ない安全な運動

運動の効果は呼吸・循環機能の維持、精神・神経機能の活発化などを促すことがわかっており、セルフケア能力の維持にもつながるものである。高齢者が負担にならず、楽しいと思える運動が最も効果的であり、長続きにもつながる。

②食生活の維持

食事は健康的な生活を維持していくための重要な要素であり、身体活動に必要な栄養供給を意味する。高齢者の消化機能能力に見合う食事の摂り方が必要であり、摂取カロリー、栄養バランス、献立・味付けの仕方などに工夫が必要となる。特に高齢者は長年の食習慣により、食生活の改善を行うことは容易ではないことも踏まえたうえで、様々な角度から対応していくことが必要となる。（詳細は第３章参照）

③健康的な心の維持

高齢者の健康は身体だけでなく、心の健康も重要な要素である。老年期になると、精神機能の自己コントロールの働きが低下しやすく、精神的な葛藤、心理的防御反応等から不安定な状態に陥りやすくなる。生活の変化（環境の変化・家族との離別・役割の喪失など）や身体的な病気によって精神が不安定となり、今までできていたことができなくなるなど影響を受けることが少なからずある。したがって、自分の心の変化（悲しい・辛い・

苦しいなど否定的な感情が続くなど）に早く気づくことが大切となる。また、高齢者自身が気づかなくても、家族や周囲の人によって気づく場合もあり、早い対応が重症化させない近道となる。

また健康的な心を維持していくためには、高齢者自身が生きがい（図 2）[4]を持つことが大切となる。

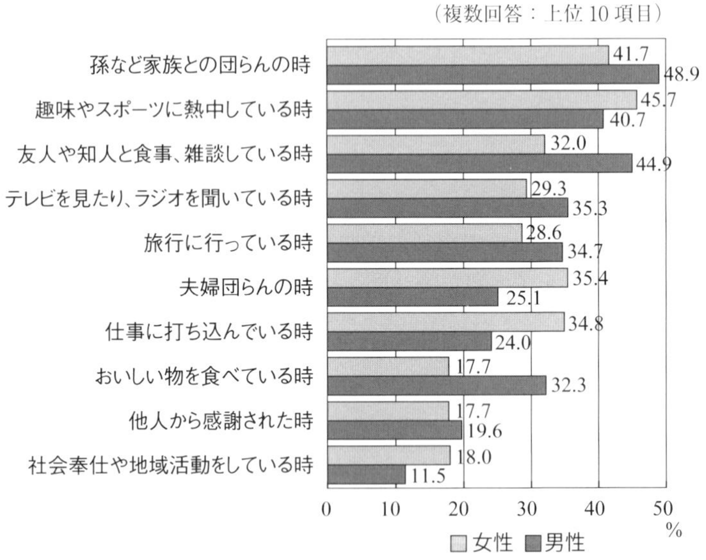

出所：内閣府「高齢者の地域社会への参加に関する意識調査」（2003 年度調査）

図 2　どのような時生きがいを感じるか

〈引用文献〉

1）　厚生労働省（2011）度統計調査結果．平成 23 年簡易生命表.

2）　内閣府政策統括官（2007）高齢者の健康に関する意識調査.

3）　内閣府政策統括官（2005）高齢者の生活と意識に関する国際比較調査.

4）　内閣府政策統括官（2003）高齢者の地域社会への参加に関する意識調査.

〈参考文献〉

折茂肇編集代表（1998）新老年学第２版．東京大学出版会．

プリシラ･エバーソール，パトリシア･ヘス，アン･シュミット･ルゲン著（2007）竹花富子他訳, 看護学名著シリーズ　ヘルシー･エイジング 人間のニーズと看護の対応．エルゼビア・ジャパン．

第2章 健康な生活を送るための生活の工夫

1　高齢者が起こしやすい問題とその管理 —嚥下障害—

(1) 嚥下障害とその影響

嚥下障害とは、嚥下の過程において何らかの障害があることにより、口に入った食べ物や飲み物をスムーズに胃まで送りこむことができない状態をいう。嚥下障害は高齢者に様々な影響を及ぼすが、その影響は身体面への影響および心理・社会面への影響に大別できる。

まず、身体面への影響であるが、嚥下障害があると食べ物や飲み物が誤って気道に入る、すなわち「誤嚥」しやすくなり、誤嚥により「誤嚥性肺炎」を発症する危険がある。日本人の死因の4位が肺炎であり、その30％強は、誤嚥性肺炎であると診断されている[1)]ことからも誤嚥が深刻な問題であることがわかる。また、誤嚥した食べ物が気道を閉塞することによって窒息を起こすケースもある。このように嚥下障害があり誤嚥を起こすことは、生命を脅かす重大な問題につながることがわかる。さらに、嚥下障害のある高齢者は口から十分な栄養をとることが困難になることから、適切な処置が行われなければ栄養状態の低下を引き起こすこともある。また、一般に高齢者は細胞内液の減少による体内水分量の減少や腎機能の低下、食事摂取量の減少などから脱水を起こしやすいといわれている。さらに、口渇(のどの渇き）を感じる渇中枢の感受性の低下や尿失禁などの排泄トラブルを避けるために飲み物を我慢することなどからも脱水を助長しやすく、特に嚥下障害がある場合は、水分摂取が困難になる。一日に必要な水分量はその人の年齢や活動量により個人差があるが、高齢者で特に水分制限のない人の場合、食事に含まれる水分以外で1日に1000mℓから1500mℓを摂取することが望ましいとされており、嚥下障害がある人には、水分を多く含む食事を工夫したり、増粘剤を利用するなどして脱水の予防に努める必要がある。

次に心理・社会面への影響をみると、食べることは人にとって楽しみをもたらすものである。しかし、嚥下障害がありうまく食べられなくなると、食べること自体に不安や恐怖を感じ、食べる楽しみを消失させてしまうといった影響を及ぼす。また、食事は他者との交流機会にもなるが、嚥下障害があると他者と食事を一緒にすることに苦痛を感じ、それが高齢者の行動制限につながり、高齢者の社会性の低下を引き起こすこともある。これら心理・社会的影響は高齢者の意欲減退やQOL低下をもたらすことになる。

このように嚥下障害は高齢者に身体面だけでなく心理・社会面においても大きな影響を及ぼす。したがって、介護職者は嚥下障害に対する基礎知識を持ち、知識に基づいた適切な援助をしていくことが求められている。

(2) 高齢者の嚥下障害の原因

嚥下障害は脳卒中などの疾患によっても引き起こされるが、高齢者の場合、加齢（老化）により嚥下障害が起こりやすくなるのが特徴である。そこで、老化に伴う嚥下機能の低下原因を表1に示す。高齢者の嚥下障害は表1に示すような原因に加え、高齢者が抱えている疾患やその治療に伴う薬剤などが影響する。すなわち、様々な原因が関与して嚥下障害が引き起

表1　老化に伴う嚥下機能の低下原因[2)]

虫歯などで歯が弱り、咀嚼力が低下する
唾液の性状（粘性、組成など）、量の変化
粘膜の知覚、味覚の変化（低下）
口腔、咽頭、食道など嚥下筋の筋力低下
喉頭が解剖学的に下降し、嚥下反射時に喉頭挙上距離が大きくなる
無症候性脳梗塞の存在（潜在的仮性球麻痺）
注意力、集中力の低下

こされることが多い。ここに高齢者の嚥下障害を改善する難しさがあるのである。

(3) 嚥下障害の検査

代表的な嚥下障害の検査方法の概略について表２に示す。検査には簡易検査と精密検査があるが、これらの検査は嚥下障害のスクリーニングをしたり、高齢者の嚥下障害の原因や程度、経口摂取の可否、食形態や摂取方法、嚥下訓練の適応やその内容などを評価することを目的として実施される。

検査結果からは上述のように多くの情報を得ることができる。したがって、介護職者が嚥下障害のある高齢者へ援助する際にはこれらの検査結果を必ず確認しておき、個々の高齢者の状態を十分に把握したうえで援助を実施していくことが重要である。すなわち、高齢者の状態の把握を怠ったまま一律な援助をすることは高齢者を危険にさらすことになるのである。

表２　代表的な嚥下障害の検査方法

簡易検査	反復唾液嚥下テスト (repetitive saliva swallowing test：RSST)	30秒間繰り返し空嚥下させて、唾液の嚥下回数を調べる方法である。
	水飲みテスト (water swallowing test: WST)	水を嚥下してもらいながらその様子やむせの有無などを観察する方法である。
	食物テスト (food test)	プリンなど嚥下しやすい食物（テスト食品）を摂取してもらい、嚥下後のテスト食品残留部位と嚥下後のむせの有無などを観察する方法である。
精密検査	嚥下内視鏡検査 (video endoscopy：VE)	鼻腔から鼻咽頭喉頭ファイバーを食道と気道の分岐部まで挿入した後、検査食を食べさせ誤嚥の有無や食塊の残留状況などを観察する方法である。
	嚥下造影検査 (video fluorography：VF)	造影剤（硫酸バリウム等）を含んだ検査食を食べさせ、口への摂り込みから嚥下が終了するまでの過程をＸ線透視で観察する方法である。

(4) 嚥下障害に対する援助

①嚥下障害の早期発見

嚥下障害があり誤嚥した時の代表的な症状には、「むせる」「咳込む」などがある。しかし、脳卒中などがある場合は、誤嚥をしてもむせたり、咳き込んだりなどの症状が起きない場合があるので注意が必要である。

常に高齢者の身近にいる介護職者は誤嚥の徴候を最も見つけやすい立場にある。したがって、介護職者はむせや咳込み以外に、痰の量が増えていないか、声の変化がないか、口の中に食べ物が残っていないか、食欲がなくなっていないか、食べる時間が長くなっていないか、食べ物の好みが変わってないか、食後の疲労感はないか、体重が減っていないか、発熱していないかなど、誤嚥の徴候を注意深く観察することが必要である。特に高齢者では、症状がはっきりと出にくいことが多いため介護職者は漫然と高齢者の援助をするのではなく、常に意識をもって誤嚥の徴候を見逃さないように関わることが重要である。そして、嚥下障害の徴候が見られた場合には速やかに関係職種に伝え、対応を依頼する。

②食事場面での援助

嚥下しやすい食品および嚥下しにくい食品の条件を表3に示しているので参考にされたい。介護職者が食形態や摂取方法を決定することはあまりないと考えられるが、食事援助に関わることの多い介護職者の役割としては、表3に示した内容を基礎知識として理解したうえで高齢者の食事中の様子を観察し、出された食事のうち、どの食品を食べやすそうに食べているか、あるいはどの食品は食べにくそうにしているかなどを観察し、食事が高齢者にとって適切かどうかを判断することが求められる。そして、高齢者に適した食事ではないと考えられる場合には、食形態や摂取方法が変更できるように関係職種に働きかける。高齢者の状態は変化することを念頭におき、その変化に迅速に対応できるように関わっていくことが重要である。

また、食事介助が必要な高齢者に対しては、ひと口量を多くすると誤嚥などを起こしやすくなるので、ティースプーン3分の2から1さじ程度

表３　嚥下しやすい食物・しにくい食物[3)]

嚥下しやすく誤嚥しにくい食品の条件	嚥下しにくく誤嚥しやすい食品の条件
・密度が均一である ・適当な粘度があってバラバラになりにくい ・口腔や咽頭を通過するときに変形しやすい ・粘膜にべたつかない（ゼリー、ババロア、プリンなど）	・密度が一定していない（味噌汁、分粥、シチューなど） ・硬すぎて噛み砕けない（りんご、ゴボウ、イカ、コンニャクなど） ・サラサラしすぎる（水、お茶、果汁、清涼飲料水など） ・変形しにくい（寒天など） ・粘膜にべたつく（ノリ、ワカメ、葉の野菜、もち） ・パサパサするもの（食パン、カステラ、ゆで卵、焼きイモなど） ・バラバラになるもの（ナッツ類、寒天、刻み食、焼き魚など）

を目安に高齢者の状態に応じた量を食べさせるようにする。そして、ひと口食べたら喉の動きや口の中に食べ物が残っていないことを観察したうえで、次のひと口を食べさせるようにする。高齢者のペースに合わせることが大切である。

なお、嚥下障害のある高齢者の食事は障害の程度に応じて刻んであったり、ペーストになっていたりするため元の料理がわからず、高齢者も何を食べているのかがわからない場合が多い。したがって、どのような食形態であっても食事として楽しめるように献立を説明するなどの援助も必要である。

③口腔ケア

嚥下障害があり誤嚥すると誤嚥性肺炎を発症する危険があるが、これは誤嚥した時に口の中の細菌が食べ物や飲み物と一緒に気道に入ることで発症する。したがって、誤嚥性肺炎を起こさないためには誤嚥を予防することが重要になることはいうまでもないが、口腔内を清潔にする口腔ケアを実施することで誤嚥を起こした時に誤嚥性肺炎を発症する危険性を低くすることができる。

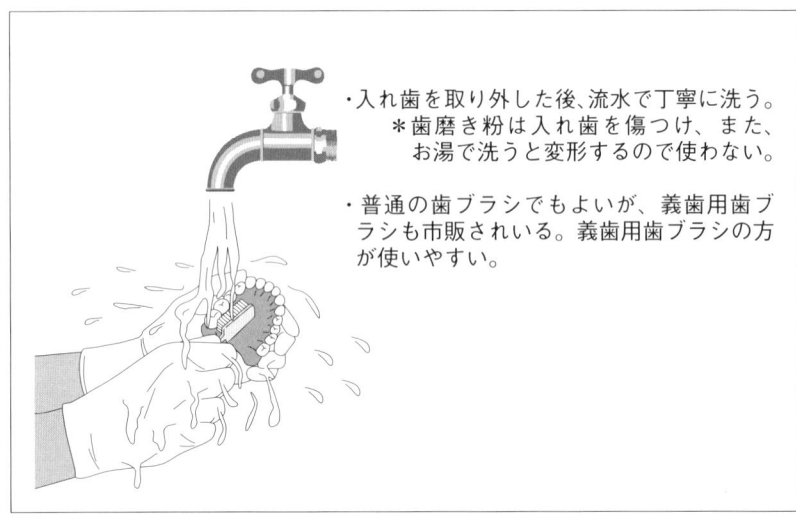

図１　入れ歯の手入れ方法

口腔ケアには看護師や歯科衛生士などが行う専門的な口腔ケアと介護職者や家族などが行う日常的な口腔ケアがある。口腔ケアは関係職種が専門性を生かしながら実施することが望ましいことから、関係職種が連携を図ることが必要となる。したがって、介護職者も口腔ケアの重要性を認識し、チームの一員として口腔ケアに参加していくようにする。ここでは、入れ歯（義歯）の手入れ方法について紹介するが（図1)、嚥下障害がある人の場合は、うがいの水や自分の唾液でむせる場合もあり、口腔ケアを実施するにあたっては安全にそして確実に実施するための様々な留意点がある。したがって、介護職者は自分が実施可能な口腔ケア内容を確認し、実施する場合には看護師や歯科衛生士などから十分に指導を受けたうえで実施することが必要である。

④嚥下訓練

嚥下訓練には食べ物を用いない「間接嚥下訓練」と食べ物を用いる「直接嚥下訓練」とがある。間接嚥下訓練および直接嚥下訓練の内容例を参考資料（表4・表5）として示しているが、詳しい方法や内容は専門書を参照されたい。

介護職者は、直接嚥下訓練を実施することはあまりないが、「嚥下体操」などで間接嚥下訓練を行う場合はある。高齢者の身近にいる介護職者の役割として、嚥下訓練により嚥下機能の改善が図れているかを、むせの状態や頻度、食事にかかる時間、本人の思い、体重の増減や発熱等の体調などを日々の援助を通して情報収集する。そして、得られた情報を関係職種に提供することで、嚥下訓練の効果判定や訓練内容の見直しなどができるよ

表４　間接嚥下訓練内容の例（参考資料）

深呼吸	腹式呼吸、口すぼめ呼吸をする
首の運動	前後、左右、回転する
口唇・舌・頬の運動	口唇：大きく開けて閉じる、突き出したり、横に引いたりする 舌：出だして引っ込める、左右に動かす、上下に動かす 頬：膨らませたり、へこませたりする
発声訓練	息を吸ってから「アー」とできるだけ長く声を出す パ、タ、ラ、カを発声する
喉のアイスマッサージ	凍らせた綿棒に少量の水つけて口蓋や舌根、咽頭といった嚥下反射誘発部位を軽く刺激し、空嚥下させる
咳の練習	強い咳払いをする

表５　直接嚥下訓練内容の例（参考資料）

姿勢の保持	ベッドを 30-60° 程度ギャッジアップする、頸部前屈にする ＊状態によって体位の変更が必要
嚥下の意識化	咀嚼から嚥下までの嚥下動作を一つずつ声かけすることにより意識させ、嚥下に集中させる
空嚥下	嚥下した後、もう一度、嚥下させる
複数回嚥下	咽頭に食べ物が残る場合には、一口嚥下させた後、何度か嚥下させる
横向き嚥下	右下・左下に頸部を回旋して嚥下させる
交互嚥下	食形態（固形物と液体など）の違うものを交互に嚥下させる
息こらえ嚥下 （声門越え嚥下）	食べ物を嚥下する前に鼻から大きく息を吸い、息を止めてから食物を嚥下し、すぐに口から息を吐く

うにしていく。

また、高齢者の場合、嚥下訓練が思うように進まないことが多く、改善もみられにくいことがある。そのため高齢者が訓練を嫌がったり、口から食べることをあきらめたりしてしまうこともある。しかし、口から食べることは人の本来の姿であり、口から食べることで停滞していた闘病意欲を回復させることもある。したがって、検査により経口摂取が可能と判断され、そのための訓練が行われているのであれば、折にふれて高齢者を励まし、嚥下訓練が継続できるよう精神的な支援を行っていくことも必要となるだろう。

(5) まとめ

口から食べることは人にとって基本的なニードである。介護職者は嚥下障害により口から食べることが困難になった高齢者に関わることで、ふたたび口から食べられ、人生の楽しみや喜びを感じられるように援助していける存在になるよう努力していくことが必要である。

2　服薬の取り扱い

(1) 服薬の目的

高齢者が健康的で自立した老後を送るためには、身体活動の維持、食生活の維持、健康的な心の維持、服薬など、さまざまな健康管理が必要となってくる。そのなかでも服薬は、複数の病気を抱える高齢者にとって、上手に病気とつきあいながら日常生活を送り続けていくために欠かすことのできない健康管理の一つといえる。特に、高齢者の服薬管理では、高齢者自身で“薬の自己管理ができる”ことが重要になってくる。長期に渡って決められた薬をきちんと飲み続けていくためには、自らの力で健康を維持していきたいという意識が発起されることが望まれる。そのため高齢者には、この薬がなぜ使用されているのか、何に効く薬なのか、どのような副作用があるのか等を把握するとともに、薬によって病気の発現をコントロールすることが健康生活を維持するのに有用であることを理解してもらう必要がある。つまり高齢者が、薬を自己管理する能力を高めていくということは、病気を抱えながらも自分らしい生活を送ることに繋がることになり、老年期における生活の質（QOL）を向上するために極めて重要であるといえる。したがって高齢者には、以下のような服薬管理を理解し実践していくことが必要とされる。

(2) 薬を正しく飲むための基礎知識

①体内での薬の行方（薬物動態）

口から摂取した薬が体内を移動していく過程（薬物動態）は、吸収・分布・代謝・排泄の四つに分けられる。具体的には通常体内に入った薬は、胃や腸で吸収され血液とともに全身に運ばれ、薬の効果を発揮すべき組織・臓器に分布し、肝臓で代謝を受け、腎臓を介して尿として排泄される、もしくは肝臓でつくられる胆汁と混ざり便として排泄されるという行方をたどる。

②薬の効果

薬の効果は、血液中の薬の濃度（血中濃度）によって決まる。血中濃度には、中毒などを起こす「副作用域」、適切な薬の効果が得られる「有効域」、薬の効果が得られない「無効域」がある（図2）。薬の効果は、血中濃度が有効域に達すると適切に発揮され、血中濃度が無効域になるまで持続される。また、規定以上の薬を飲むと、血中濃度が副作用域まで高まり、中毒などの副作用を起こすことになる。薬を1日に服用する量や時間は、薬の効果が最大限に得られやすいように処方されているため、服薬の際には決められた量と時間を守ることが極めて重要といえる。

③薬の正しい飲み方

（i）薬の剤形

薬には、錠剤・カプセル剤・散剤・顆粒剤・液剤・坐剤・皮膚外用剤（貼付剤や軟膏剤など）等、さまざまな剤形がある。これら薬の剤形は、効率

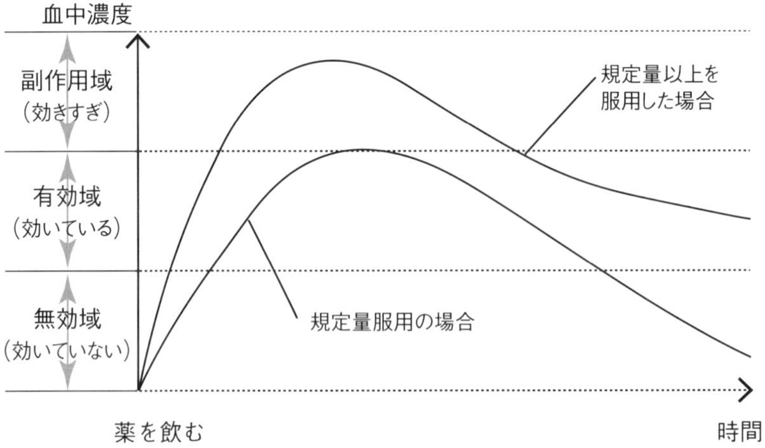

図２　薬の血中濃度の時間による変化

よく薬の効果が発揮されるように、薬が溶け始める体内の場所や吸収される時間などが考慮された形となっている。そのため剤形の違いによっては、効果の発現が早いものもあれば長時間に及んで効果を発揮するものもある。あらかじめ錠剤になっている薬を噛んで飲んだり、カプセル剤の中身だけ飲もうとすることは、薬の成分が効果を発揮する前に溶けて期待する薬の効果が得られなかったり、副作用が起こることに繋がっていく。薬はそのままの形で、決められた時間と量をきちんと守ることが重要である。そこで主な薬の剤形と使用方法について表６に示す。

表６　主な薬の剤形と使用方法

主な薬の剤形		使用方法
【内服薬】 錠剤 カプセル剤	 錠剤 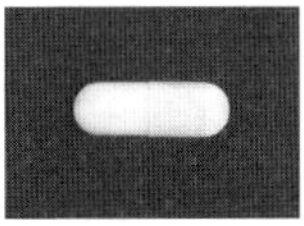 カプセル	・薬は必ず包装シートから取り出す ・上半身を起こす ・十分な水分で口から飲む
【内服薬】 散剤 顆粒剤	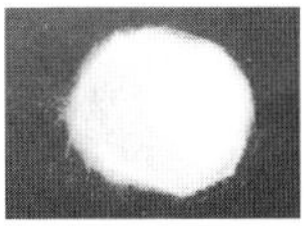 散剤  顆粒剤	・むせに気をつけ口の中へ入れる ・口の中に薬が残りやすいため数回に分けて水分を含んで飲む ・苦味の強い場合はオブラートの使用を検討する
【内服薬】 液剤		・必要に応じて、容器を静かに振り、液剤をよく混ぜてから計量する ・計量時は目盛りを目の高さにあわせる ・飲み残しがないように飲む （濃厚液の飲み残しは少量の水分で溶かして飲む） ・計量カップはよく洗い乾燥させる 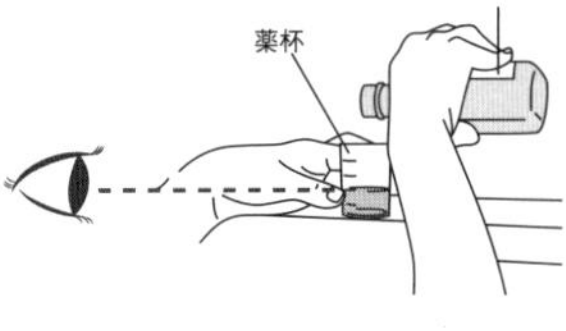

<table>
<tr><th colspan="2">主な薬の剤形</th><th>使用方法</th></tr>
<tr><td>【舌下錠】
錠剤</td><td></td><td>・舌の下に置き飲み込まずに溶かす
（飲み込むと効果発現を遅らせる又は効果を失うため注意する）
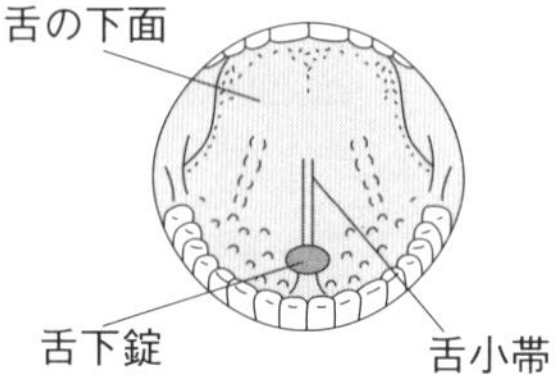
</td></tr>
<tr><td>【坐剤】</td><td>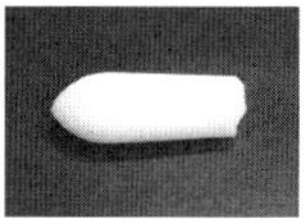</td><td>・処置用手袋またはティッシュペーパー、ガーゼなどで坐剤を持つ
・とがった（太い）側に潤滑油を塗り、肛門の 4-6cm 奥まで入れる
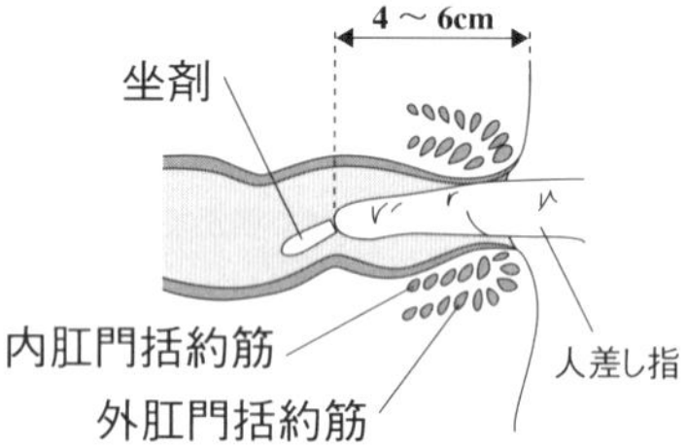
</td></tr>
<tr><td>【皮膚外用剤】
貼付剤
軟膏剤</td><td>

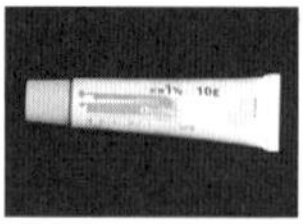
</td><td>・貼付剤は製剤にあった部位
（胸部・腰部・上腕部・背部・殿部など）に貼る
・貼付剤は体毛の多い部分や足の裏など吸収されにくい部位は避ける
・軟膏剤は患部に直接塗らず、指に適量出して塗る</td></tr>
</table>

（ⅱ）薬を飲むときの水分

服薬で用いる水分は、薬の効果が阻害されない水か白湯で服用する。水分なしで服用すると、薬が食道に引っかかり炎症や潰瘍を起こす危険性があるため、コップ半分以上の水分を準備する。薬が適切に胃や腸で溶かされ吸収されるには、胃や腸に含まれる水分の温度が関わってくる。冷たすぎる水は薬の溶ける速さを遅らせる。服薬で用いる水分の温度は、人の体温に相当する37度程度が望ましく、胃や腸の温度を下げることなく薬の吸収を促すことが期待できる。

〈事例1〉自己判断で多量の薬を内服したケース

Aさん（60代）は、高血圧の薬を1日2回（朝・夕）飲んでいる。朝食後に内服したにもかかわらず血圧は高値のままだった。いつもより多めに薬を飲めば血圧の値も安定するだろうと思い追加の薬を飲んだ。その後、外出先で血圧が下がり過ぎたAさんは、気分不良を訴え救急車で運ばれたが大事にはいたらなかった。

解説：早く治そうと決められた量以上に薬を飲んでも血中濃度が上がり過ぎるために、期待するような効果は得られず副作用を起こすことになる。薬の処方は対象者の病状にあった量や時間が考慮されているため自己判断で内服せず、決められた量と時間を守ることが大切である。

〈事例2〉薬の包装シートを誤飲したケース

Aさん（70代）は、薬の包装を1日3回（朝・昼・夕）分に準備するため、ハサミで1錠ずつに切り離している。テレビを見ながら内服していたところ、ついうっかり包装ごと薬を飲み込んでしまった。喉に刺さったところが痛くて救急車で運ばれたが、直ぐに内視鏡で取り出すことができ、ことなきを得た。

解説：包装シートは1錠ずつ切り離すと角が鋭利になるため、誤飲すると食道粘膜に突き刺さり、部位によっては穿孔などの重篤な合併症を起こす。包装シートはあらかじめ切り離せない構造（ミシン目が横方向のみ）になっているため（図3）、薬は切り離すことなく、包装シートの凸部を指先で押し出し裏面のアルミを破ってから取り出すようにする（図4）。

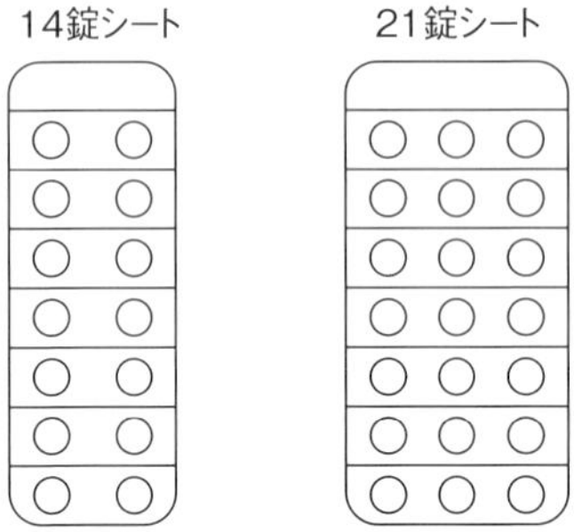

図３　包装シートの構造

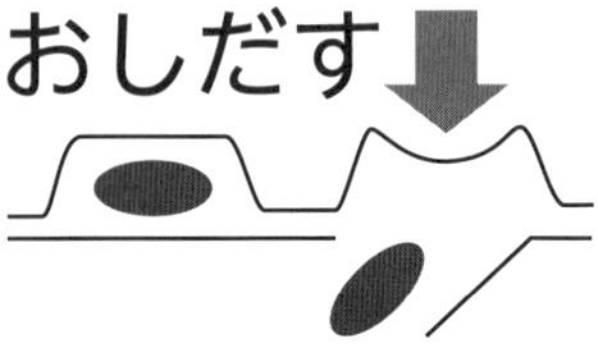

図４　薬の取り出し方[4)]

(3) 副作用の自己チェック・他者チェック

正しく服薬管理を行うことによって、高齢者自身で病気をコントロールすることは可能となってくる。しかし、正しく服薬されなければ、かえって健康を損ねる場合もあることを十分に理解しておく必要がある。そのため、高齢者が適切に服薬の自己管理ができるようになるためには、薬が効いている状態なのか、それとも副作用が出現している状態なのか、自らの身体を自己点検できることが重要となる。

主な薬の副作用には表7に示した症状などが出現する。高齢者は一般成人よりも副作用が出やすい傾向がある。その代表的な要因としては、加齢に伴う生理的機能の低下（肝臓や腎臓の機能低下など）によって薬物動態の仕組みが崩れ、薬物が体内に留まる時間が延長して血中濃度が高まるために、副作用があらわれてくる。また、複数の病気を持つ高齢者は、服用している薬の種類が多く、薬の飲み合わせによる副作用（相互作用）が起こることも挙げられる。このように、高齢者は薬の副作用を起こしやすく、さまざまな全身症状を招きやすい。したがって、高齢者自らが薬の副作用の理解に努め、日頃より身体の自己点検を実践することは、早期に副作用に気づき、医師や薬剤師へ相談するなどの対処ができる自己管理能力を高めていくことにつながっていく。

また、寝たきり状態などにより高齢者自身で服薬管理を行うことが困難な場合も少なくない。このような状況になれば、家族が服薬管理を担うことになる。家族は、いつもと違った高齢者の反応や身体的状態より副作用の出現に気づいてもらう重要な役割を果たす存在である。家族にも、薬に関する基礎知識の理解や正しい管理方法が実践できるよう、服薬の管理を援助する際には、本人のみならず家族も含めて支援することが望ましい。

表７　主な副作用の症状[5)]

ショック症状	不快感、口内異常感、ぜん鳴、耳鳴り、発汗、血圧低下、意識障害など
過敏症状	発熱、発疹、じんましん、かゆみなど
精神神経症状	眠気、めまい、疲労感、不眠、頭痛、言語障害、抑うつ、精神混乱、神経過敏など
胃腸症状	食欲不振、吐き気、下痢、便秘、腹痛など

(4) 薬の保管方法

薬は化学物質のため、その保管方法によっては薬の成分が変化し効果が薄れることがある。適切な保管場所と保管期間を守り管理していくことが大切である。

①薬の保管場所

多くの薬は医師の特別な指示がない場合、「室温保管」となる。薬の保管に適した温度は25度以下と考えられており、直接日光が当たる場所や高温･多湿な場所は避ける。「冷所保存」は冷蔵庫などに保管する。その場合、他者が間違えて飲まないよう容器を移し替えたりせずに他の食品と分けて保管する。

②薬の保管期間

薬には品質を保証する「有効期間」と「使用期限」が示されている。薬の化学構造は時間の経過によって崩れるため薬の効果を望めなくなる。そのため、同じ症状だからといって以前に処方を受けて残っていた薬を自己判断で服用することのないようにする。処方せんで指示された期間を過ぎた薬、変色した薬、割れた薬は、速やかに処分する。

[引用文献]

1） 角保徳・道脇幸博・三浦宏子（2006）歯科と摂食・嚥下障害．Modern Physician，26（1），46-49．
2） 日本病態栄養学会編（2006）改訂版　認定　病態栄養専門師のための病態栄養ガイドブック．メディカルレビュー社，228．
3） 小田正枝編（2008）症状別アセスメント・看護計画ガイド．照林社，117．
4） 厚生労働省，PTP包装シート誤飲防止対策について，2011/03/02参照，http://www.mhlw.go.jp/stf/houdou/2r9852000000rwgy.html
5） 増原慶壮監修，健康づくりのための薬活用術．東京法規出版．

[参考文献]

足立香代子他編（2007）NSTで使える栄養アセスメント＆ケア．学研．
井上知子編（2007）症状からみた看護過程の展開．医学書院．
上田慶二監修　社団法人日本薬剤師会編著（1999）高齢者薬剤管理マニュアル――ADLと薬剤．薬事日報社．
大内尉義監修（2005）日常診療に活かす老年病ガイドブック2　高齢者の薬の使い方．メジカルビュー社．

大谷道輝編集(2007)JJスペシャル№.80　今日から役立つ　剤形別くすりの知識. 医学書院.
奥宮暁子他編（1995）症状・苦痛の緩和技術．中央法規．
折井孝男監修（2006）説明力UP！　臨床で役立つ薬の知識．学習研究社.
折茂肇監修　蔵本築編（1993）老年医学研修ノート№.3　老年者の薬物療法．メジカルビュー社.
折茂肇監修（2003）高齢者の特徴的な症状と看護計画．メジカルビュー社．
折茂肇監修(2003)高齢者の特徴と日常生活看護のポイント．メジカルビュー社．
金子芳洋他編（2001）摂食・嚥下障害の評価法と食事指導．医歯薬出版．
小板橋喜久代他（2001）エビデンスに基づく症状別看護ケア関連図．中央法規．
河野公一・恩田光子編（2003）のみ方・使い方からみた　高齢者服薬管理マニュアル．金芳堂.
佐々木雅也編著（2009）ナース・介護スタッフ・管理栄養士のための栄養管理これだけマスター．メディカ出版．
関口恵子編（2002）根拠かわかる症状別看護過程．南江堂．
相馬朝江編（2005）目でみる症状のメカニズムと看護．学研．
高木永子監修（2005）New看護過程に沿った対症看護．学研．
東京都老人医療センター編（1999）高齢者の摂食嚥下障害ケアマニュアル．メジカルビュー社．
東口髙志編（2005）NST完全ガイド．照林社．
東口髙志編（2005）全科に必要な栄養管理Q＆A．総合医学社．
東口髙志編（2010）実践！臨床栄養．医学書院．
晴山婦美子他編（2008）看護に役立つ口腔ケアテクニック．医歯薬出版．
箭野育子（2002）症状・苦痛のアセスメントと看護（下）．中央法規．

第3章 高齢者の栄養管理

栄養は生命活動を営むうえで欠かせないものであり、健康の維持増進、疾病の回復促進など様々な意味を持つ。また、食事を通して文化を形成したり、生きていくうえでの満足感につながったりと心理・社会的にも影響し、年齢や性別、疾患の有無にもかかわらず重要なものである。しかし、高齢になると身体の生理的変化から食欲が低下したり、食事量が減ったりと食生活における変化が現れる。また、長年培われた生活習慣から疾病を発病したり、家族構成や環境の変化から食生活が変化したりと、多様な特徴を示す。

これらの栄養は、その後の健康維持やQOL（生活の質）などにつながる重要な要素である。このため、高齢者の栄養管理を考える上では、高齢者の特徴を踏まえたかかわりが重要となる。

1 栄養摂取における高齢者の特徴

食物を摂取すると、①口→②食道→③胃→④小腸（十二指腸、空腸、回腸）→⑤大腸（上行結腸、横行結腸、下行結腸、S状結腸、直腸）→⑥肛門の順で運ばれる（図1）。その過程において食物は消化・吸収され体内に栄養として取りこまれ、不要となったものが便や尿として排泄される。これらの機能は、加齢に伴い、様々な影響をうける。

(1) ①口から②食道まで

食物を口に入れたとき甘い、酸っぱいなどの味を感じる。これは舌にある味蕾がその情報をキャッチし、脳へ伝達しているからである。しかし、高齢者は、味蕾の減少や唾液の分泌減少、薬剤の影響などにより、味覚の

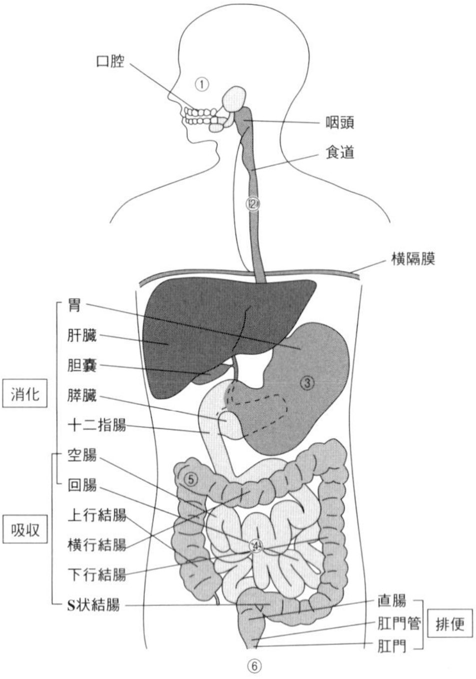

図１　食物の消化吸収過程

感受性が低下しやすい。味覚の感受性が低下すると味の濃いものを好む傾向になる。

口に入った食物は咀嚼によって細かく粉砕され、唾液と混和されて嚥下しやすい食塊となる。咀嚼には歯や下顎などの機能が重要であるが、高齢者は歯周病や齲歯による歯の欠損、義歯の不適合、下顎の筋力の低下等によって咀嚼力が低下しやすい。このため、高齢者は柔らかい食品を好む場合が多い。咀嚼によって食塊となった食物は次に、嚥下機能の口腔期、咽頭期、食道期の過程を経て胃へ運ばれる（図 2）。この嚥下機能も加齢による影響を受ける。特に喉頭が下後方に移動するため喉頭挙上による喉頭の閉鎖の作用が弱くなり、咽頭期に誤嚥しやすい。嚥下機能の低下が一因となっておこる誤嚥は、誤嚥性肺炎にもつながり、QOL の低下や生命を脅かすことにもなりかねないため注意が必要である（詳細は第２章参照）。

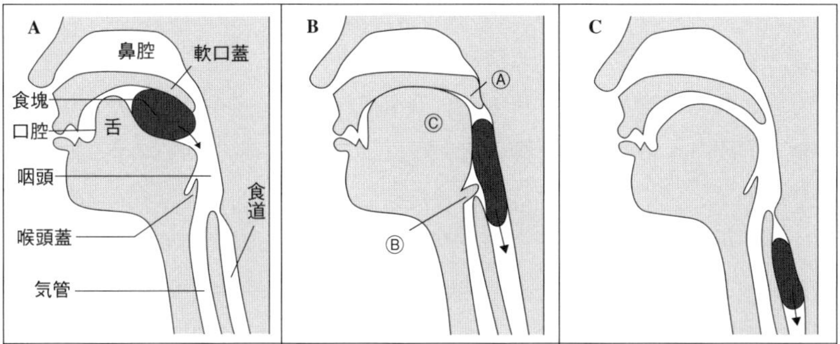

1　口腔期 随意的な舌の運動によって食塊を口腔から咽頭まで送り込む。	2　咽頭期 食塊は反射運動により咽頭から食道入口部まで送り込まれる。 Ⓐ軟口蓋は拳上し鼻腔への通路を塞ぎⒷ喉頭蓋は気管への入り口を塞ぎⒸ舌根は口腔への通路を塞ぐ。	3　食道期 食道に入った食塊は、食道の蠕動運動等により胃へ運ばれる。

図２　嚥下の過程

(2) ③胃から④小腸まで

嚥下された食物は胃から小腸へ運ばれる。この過程で消化液などによって食物が細かく分解され体内に吸収されていく。高齢者はこれらの消化吸収の機能も様々な要因により、低下することも多い。

(3) ⑤大腸から⑥肛門まで

大腸では、小腸までで吸収されなかった食物から電解質や水分などが吸収される。吸収されなかったものが便となり、肛門から排泄される。高齢者は腸管の弛緩や直腸の反射機能減退、腹筋力の低下などにより、便秘を生じやすい。便秘は食生活との関連も深いため、食生活をみなおすことも必要である。

(4) その他

高齢者の栄養摂取においては、その他の身体機能や、心理的要因、社会

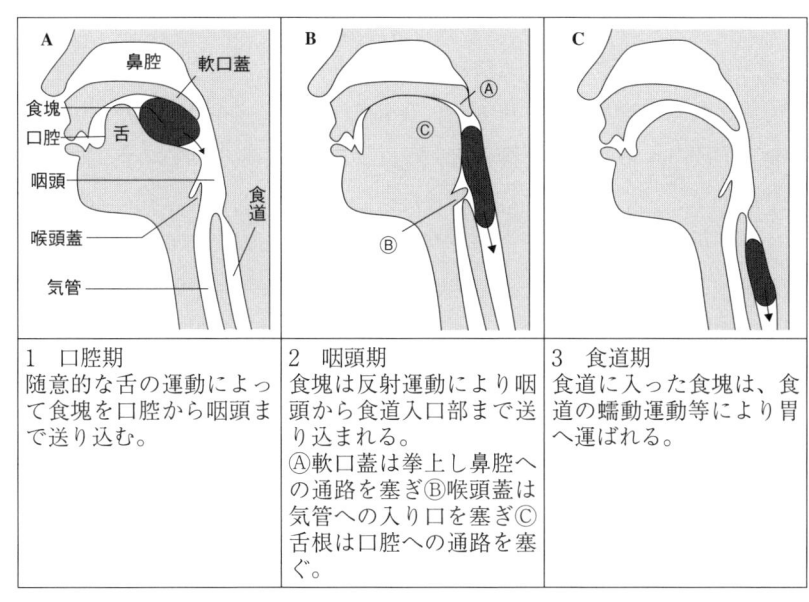

的要因などの影響もうける。例えば､食生活への満足感は味覚だけでなく、臭覚や視覚などの感覚機能も同時に働くことによって生まれるが、加齢により、これらの機能が低下すると、食生活への満足感が低下したり、食欲が低下したりする。また、配偶者の死による孤独や生きがいの喪失、生活意欲の低下、認知症やうつ病の精神疾患などの心理的要因は食欲の低下や過食などの摂食行動の異常につながることもある。社会的要因として、経済的貧困や買い物や調理などが困難になることによって､栄養が偏ったり、食事量が低下したりすることもある。このほか、食事摂取に関しては、既往歴や現病歴、服薬等も影響することもある。

このように、高齢者の栄養摂取を考える場合、身体の生理的変化だけでなく、高齢者を取り巻く心理社会的要因、疾患等様々な影響を受けていることを理解しておくことが重要である。そして、高齢者としてひとくくりに見るのではなく、その人自身の状況を的確にアセスメントすることが重要である。

2　栄養状態のみかた

栄養状態を適切にアセスメントし栄養状態の改善に向けた取り組みを行うことは高齢者が健康的な生活を送るうえで重要なことである。栄養状態を判断するうえでは、多くの情報を総合的にアセスメントする必要があるが、ここでは、簡単に栄養状態を予測できる身体計測及び、血液検査について紹介する。

(1) 身体計測からみる栄養状態

身体計測のなかでも、身長と体重の計測は、一般家庭でも簡単に測定でき、栄養状態を知るうえで重要な指標となる。身長と体重から体格指数(BMI：body mass index）や基準体重比（％IBW：ideal body weight）などを算出することで「肥満」や「痩せ」の判定をすることができる（表1、表2)。また、食事量が減り栄養状態が悪くなると、活動や代謝に必要なエネルギーやたんぱく質を自らの体脂肪や体タンパクで補うため、体脂肪や筋肉量が減り、体重が減少する。このため、高齢者の栄養状態を見る場合、一度の測定ではなく、継続してその変化をみる必要がある。健常時体重からの現体重の変化（体重減少率）を見ることで栄養の障害度を判定することができる。特に、6カ月以内の10%以上の体重減少や1カ月以内の5%以上の体重減少がみられるなどは、急激な栄養摂取不足が疑われるため注意が必要である（表3)。

▶体格指数（BMI）の算出方法

［BMI］…　　**体重**（kg）÷［**身長**（m)］^{2}

表1　BMIの判断基準

BMIの値	判断
18.5未満	低体重
18.5以上25未満	普通体重
25以上30未満	肥満（1度）
30以上35未満	肥満（2度）
35以上40未満	肥満（3度）
40以上	肥満（4度）

出所：肥満度の判定基準（日本肥満学会2000）

▶基準体重比の算出方法[1)一部改変]

［**基準体重**(kg)］…　　［**身長**(m)］^{2} × 22

［**基準体重比**］…**現体重**(kg)　÷**基準体重**(kg)　× 100

表2　基準体重比から見た栄養障害の程度[1)一部改変]

基準体重比（% IBW）	判断
>90	普通
80-89	軽度栄養不良
70-79	中等度栄養不良
<69	極度栄養不良

▶体重減少率の算出方法[1)一部改変]

［体重減少率］…

［現体重（kg）－健常時体重（kg）］÷健常時体重（kg）× 100

表３　体重減少率による評価[1)一部改変]

期　間	有意な体重減少	重度な体重減少
1 週間	1-2%	2%以上
1 カ月	5%	5%以上
3 カ月	7.5%	7.5%以上
6 カ月	10%	10%以上

(2) 血液検査

一般的には血液検査データも栄養状態の有用な指標となる。栄養状態を表すものとして、赤血球、ヘモグロビン、血清総タンパク、血清アルブミン、トランスフェリン、血清コレステロール等多くある。特に血清アルブミン（正常値：3.5-5.3g/dl）は、栄養状態の低下により低値をしめすことから有用な指標となる。ただし、血清アルブミンは肝機能や腎機能の障害などで低値を示すことがあり、また半減期が長く、短期間の栄養状態の変化を見ることはできないので、留意する必要がある。

身体計測や血液検査は､あくまでも栄養状態をみるための一指標であり、その他、身体的観察（筋肉の発達状態、脂肪の分布状態、骨の突出、毛髪･爪・皮膚の状態、褥瘡の有無、浮腫の有無など）や食事調査など様々な情報を統合して最終的な判断が行われる。

(3) 低栄養と褥瘡

褥瘡とは一定部位に持続的に圧迫が加わることによる局所の循環障害によって生じた皮膚および皮下組織の損傷で、組織が壊死をきたしたものである。このように褥瘡の直接的な原因は圧迫である。しかし、この他にも褥瘡発生には様々な原因が関わっており、皮膚組織の耐久性の低下もその原因のひとつである。嚥下障害のある者は低栄養になりやすいことをこれまで述べてきたが、この皮膚組織の耐久性の低下には低栄養が関係している。したがって、低栄養状態にある者は褥瘡の発生リスクが高くなるのである。褥瘡発生の危険性を予測するためのスケールであるブレーデンスケール（Braden Scale）やK式スケールのなかの評価項目として栄養状態が含まれていることからも栄養状態が褥瘡発生に関与していることがわかる。また、創傷の治癒にも栄養が必要とされる。褥瘡の治癒過程においても創傷の治癒と同じように栄養が重要な役割を果たすことから、栄養状態が悪い場合には褥瘡の治癒が阻害されることになる。

このように低栄養は褥瘡の発生や治癒に関与する要因のひとつである。低栄養は褥瘡の関連因子として見落とされがちであるが、褥瘡の予防や回復においては栄養状態の管理を行っていくことが重要になることを忘れてはならない。

3　高齢者の食事管理

高齢者が健康な生活を送るためには、食事管理が重要となる。厚生労働省は栄養素やエネルギーをどの程度摂取したらよいかという基準を「日本人の食事摂取基準」として示している。この基準は、年齢や性別、活動強度などを加味してその人に必要な栄養摂取量を算出することができることから広く利用されている。これらは、厚生労働省のホームページから簡単に入手できる。また、厚生労働省と農林水産省は栄養のバランスよく食事をとることができるように、「食事摂取基準」を基に「食事バランスガイド」を作成している。このバランスガイドは、毎日の食事を、主食／副菜／主菜／牛乳・乳製品／果物の五つに区分しその摂取目安がイラストで具体的に書かれてある（図3）。これらの基準は、疾患等による厳重な栄養管理が必要な人には適用できないが、健康な人がより健康的な生活を送るうえでは参考にできる指標である。

高齢者は長い年月をかけてその人独自の生活習慣や食習慣を確立している。このため、基準などにとらわれ枠にはめて管理しすぎたり、急激に食生活を変更すると、食事自体がストレス源となり、食事による満足感を減退させたり、食欲低下をまねいたりする可能性もある。その人の健康状態や身体機能などの状況、食習慣などを踏まえて、その人らしさを損なうことなく、食生活が豊かになるような工夫を行いながら、その人にとって必要な食生活を確立していくことが大切である。

また、食事は運動や睡眠、その人の精神状態等とも関連しているため、食生活だけで判断するのではなく、ライフスタイル全体のバランスを整えることも重要なことである。

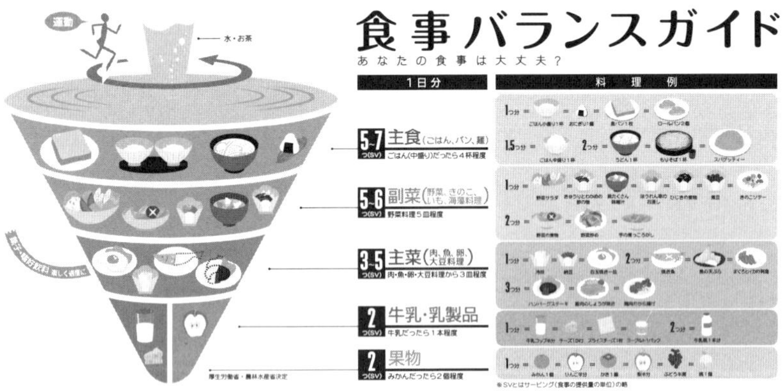

出所：厚生労働省ホームページ http://www.mhlw.go.jp/bunya/kenkou/eiyou-syokuji.html

図３　食事バランスガイド

［引用文献］

1)　大熊利忠・金谷節子編集（2007）キーワードでわかる臨床栄養. 羊土社. 47.

[参考文献]

板倉弘重監修（2010）医科栄養学．建帛社．

稲葉佳江編著（2004）成人・高齢者看護のためのヘルスアセスメント．メヂカルフレンド社．

尾岸恵三子・正木治恵編（2005）看護栄養学第 3 版．医歯薬出版株式会社．

折茂肇編集代表（1998）新老年学第 2 版．東京大学出版会．

金川克子監修（2009）食生活の基礎と事例から学ぶ食事支援・指導．中央法規．

蔵本築監修（1994）ベッドサイド老年病学．南江堂．

佐藤和人・本間健・小松龍史編者（2002）エッセンシャル臨床栄養学．医歯薬出版株式会社．

東口高志編集（2005）NST 完全ガイド．照林社．

深井喜代子・佐伯由香・福田博之編集（2008）新看護生理学テキスト．南江堂．

藤田美明、池本真二編（2007）ライフステージ栄養学．建帛社．

丸山道生監修（2008）NST 活動に生かすナースが取り組む栄養療法．株式会社アンファミエ．

第4章 病院における高齢者の介護支援
医療ソーシャルワークの視点から

1　高齢者のおかれている医療情勢について

筆者は、長年、病院の医療ソーシャルワーカー（以下、MSWとする）として、高齢者の入退院、生活相談、介護支援などの問題に取り組んできた。ここでは筆者の経験を踏まえて、病院における高齢者の介護支援について述べる。

少子高齢化が加速する中､国の高齢者医療費負担や介護費負担が増大し、社会保障給付費削減のための施策が推進されている。このような情勢において患者が安心して医療・介護を受けられる権利をどう守っていくのかが大きな課題となっている。平成25（2013）年には高齢化率が25.2％に達し、人口に対して高齢者数が4人に1人になるといわれている中、社会保障給付費が増加の一途をたどっている。厚生労働省の社会保障に係る費用の将来推計[1)]では、平成24年度予算ベースによると、社会保障給付費:109兆5000億円（年金:53兆8000億円、医療:35兆1000億円、福祉その他介護:20兆6000億円）のうち医療・介護給付費が約5割を占めている。近年の医療政策は変化のスピードが速く、医療をとりまく環境が大きく変化する中、平成24年は診療報酬･介護報酬同時改定という大きな変化の年となった。「社会保障・税一体改革成案」の実現にむけた最初の第1歩といえる2012年度診療報酬・介護報酬同時改定は、2025年を見据え、①高度急性期への医療資源集中投入、入院医療の機能分化　②在宅医療の充実、地域包括ケアシステムの構築が併せて提起されている。

2012年度診療報酬改定の内容について、具体的には以下のような特徴があげられる[2)]。

・入院期間の短縮を進め、早期に患者を在宅に移行させる仕組みの強化
・各入院医療機関間・病診間の連携促進による在宅医療への移行促進
・地域包括ケアシステム構築に向けた在宅医療の再編（とりわけ訪問看護の重視)、在宅医療と介護の居住サービス、地域密着型サービスとの連携強化
・維持期リハビリテーションの介護保険優先の徹底、医療保険と介護保険の連携強化

このような医療情勢において、医療機関に入院する高齢者がどのような状況におかれているのか、援助における大切な視点をふまえながら、MSW として病院における高齢者介護支援について検討する。

2　高齢者にとっての「病う」という問題

加齢に伴い、高齢者は、数々の疾病を抱えるという問題を抱えるようになる。ここで高齢者にとっての「病う」ということについて触れる。佐藤(2001)[3]は、「病う」ことについて次のように述べている。

・健康なときに、あたり前にできていたことが、できなくなっていくこと
・他者との関係へと向かわせる身体を自由に使えないことによって、社会的生の痛みや苦しみを体験していくこと。社会的役割を果たせなくなること
・どのように生きたらいいかを突きつけられること

また得永（1984)[4]は、自身の病いの体験から「病う」ことについて次のように述べている。

・日常生活の営みからおりること
・関係世界が変貌すること
・他者とのかかわりのあり様が、急激に変化しはじめること
・「私」と世界との日常的関係のあり様が、崩壊するのを経験すること
・人間が人間らしいとされている「生」のあり様が、壊れてしまうこと
・生きながら死をあらかじめ経験しはじめること

以上、２人の「病う」という見解を、高齢者という視点で考えると、高齢者は加齢と共に疾病を抱えながら、同時に他者（家族を含めた）との関係、社会との関係が希薄となっていくと考えられる。そして高齢者は、自分の存在感や、存在意義を見失ってしまうことから、生活意欲や疾病を克服しようとする意識が喪失するのである。MSW は、このような高齢者の「病う」という状況について、十分に理解しておかなければならない。

3　高齢者に対する理解

高齢者を支援する際には、高齢者の「ケアの問題」や、生活状況の理解が必要とされよう。

①ケアの問題（ケアすること、ケアされること）

メイヤロフ（1987）[5)]は、「ケアの本質」について、ケアする人がケアされる人の成長すること、自己実現することを助け、成長発展を遂げる関係であると述べている。

また、上野（2012）[6)]は、メアリー・デイリーらに従って次のようにケアを定義している。「依存的な存在である成人、または子どもの身体的かつ情緒的な要求をそれが担われ、遂行される規範的・経済的・社会的枠組みのもとにおいて、満たすことに関わる行為と関係。」

つまり、ケアの問題は、ケアされる人の身体的、精神的、社会的な要求に対し、ケアする人が役割を遂行することであるだけではなく、相互の関係をとおして、生活や生き方の質を高めていく行為であると考えることができる。このことから、高齢者のケアにおいては、高齢者のみならず、高齢者をケアする家族、あるいは施設介護者の役割も重要になってくるのである。

②高齢者の生活状況

高齢者の身体的特徴としては、予備力の減退、抵抗力の低下（特に循環器や呼吸器における生理的変化）、適応能力の減退（新しい生活環境への適応ができない等、柔軟性が欠如しがちとなること）等があげられる。加齢に伴い心身の機能が低下すること、精神的緊張の高まり、老化を受容できず否定・否認といった反応を引き起こすこと、コミュニケーション障害や周囲への関心の低下をもたらすといった精神･心理的特徴も挙げられる。また社会的役割の喪失（職業、地位、経済的基盤、社会的責任、人間関係）や家庭における役割の変化、1人の人間としてこれからどう生きていくのかという発達課題に直面する。MSWは、これらの特徴を理解したうえで、援助を展開していかなければならない。

4　病院における高齢者支援の現状

ここでは、病院内の状況について触れる。

田中（2011）[7)]は、医療、福祉について「生を対象とし傷病や障害によって失われた健康や生活などの『質』を引きあげていく、つまりQOLの維持向上を目的としている」とし､生の意味を三つの層､「生命」「生活」「人生」に分類している。この意味において、病院では専門家等が日々、病むという体験をした患者の「生命」「生活」「人生」に対して支援が行われている。医師は、疾病に関することを中心に、MSWは、傷病による影響を考えながら、患者の療養上、または退院後の生活に関する様々な問題や、人生に関することについて支援を行う。援助の初期、患者は問題が曖昧で不明確である状況に苦しんでいる。そこで、面接では、まず患者をありのままに受け止め、理解することから始まる。患者は、語りながら不安な思いを整理することで、今の自分というものを受け入れていくことが可能となる。このような関係を通してMSWは、悩んでいる人がなぜ苦しんでいるのかがみえてくる。尾崎（2003）[8)]は、「援助の目的、特に援助初期の目的は相手との関わりを育て、深めていくことである。」と述べている。MSWが支援を展開するうえで、まず、人（患者や家族）との関係づくり、すなわち信頼関係が援助の基礎となる。そのうえで高齢者の生活や人生に対し、丁寧な関心と共感を示しながら、患者の抱える生活問題を理解していくプロセスが大切である。

筆者は、MSW の役割について、ジャーメイン（1992）[9]や、保健医療のソーシャルワーク業務指針の具体的解説（2000）[10]を参考にしたうえで、図１のように考えた。つまり、MSW は、ソーシャルワークの専門性を構成する重要な要素である価値、知識、技術を原則とし、人間の適応能力の開発や環境改善のために、人と社会環境との交互関係に焦点をあてながら、患者の生活上の問題に対応する。具体的内容として、それらは療養中の心理的・社会的問題の解決、調整援助、退院援助、社会復帰援助、受診・受療援助、経済的問題の解決、調整援助、地域活動の展開である。

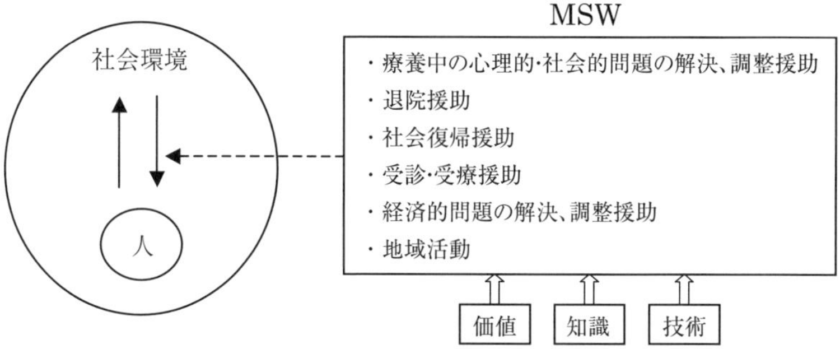

図１　MSW の役割

以下、MSW の業務について定義し[10]、病院における高齢者支援の実際について述べる。

表１　MSW の業務①

○療養中の心理的・社会的問題の解決、調整援助[10] 療養中の心理的・社会的問題の解決、調整援助については、入院、入院外を問わず、生活と傷病の状況から生ずる心理的・社会的問題の予防や早期の対応を行うため、これらの諸問題を予測し、相談に応じ、患者が安心して療養できるように解決、調整に必要な援助を行うこと。また在宅医療に伴う不安等、傷病や療養に伴って生じる家族関係の葛藤に対応し、家族関係の調整を援助し、患者が死亡した場合には、家族の精神的苦痛を受け止め、軽減し克服していくことができるよう生活の再設計を援助すること。

○経済的問題の解決、調整援助

入院、入院外を問わず、患者が医療費、生活費に困っている場合に、保険、福祉等関係諸制度、公的扶助等の活用を視野に入れ、経済的問題の解決を援助すること。

まずはじめに、筆者が勤務する「心臓血管センター金沢循環器病院」について紹介する。当院は、石川県金沢市北部に位置する循環器系疾患の治療を専門とする病院である。特に心臓病、血管疾患、高血圧などを専門とし、緊急カテーテル検査・治療から救命冠動脈バイパス手術まで、患者の状態に応じた治療を行っている。病床数は230床で、一般病棟84床、医療療養病棟146床を有している。

(1) 高齢者の入院前の生活状況を把握する

ここでは、高齢者の入院前の生活状況で、MSWが重視すべき視点について触れる。

①高齢者の生活状況における社会関係の把握

病院では、救急入院された患者の名前や住所さえわからないことがある。特に高齢者で生活状況が不明であり、保険証をもたない等、生活に困窮している可能性のある患者の場合、MSWが早期に介入することが多い。患者に意識があれば、すみやかに入院前の生活状況を聴取し、生活の全体像を把握するが、意識不明である場合は親族や知人等の近親者がいないか情報収集を行い身元を特定したうえで支援が必要であれば介入を開始する。保険証、所持金がなく、患者に経済的不安がある場合、経済状況や親族援助の可能性を確認し、支援が得られないようであれば、患者の同意のもとに福祉事務所へ生活保護の相談等を行う。筆者が以前、支援を行った高齢の患者は、重度の白内障で全盲状態であり、入院の1カ月前から食パンと水だけで生活し、低栄養状態になっていた。家族とは絶縁していたが、地域の人とのつながりがあり、同じアパートの住人に助けられ救急搬送された。入院後のインテーク面接により、預貯金は殆どなく、少額の年金だけで生活していたことが判明し、入院同日に生活保護申請を行った。また民生委員や町内会長から、高齢患者の入院をとても心配している声が聞かれ、退院の際には安心して地域で生活することが出来るように必ず連絡、報告をしてほしいとの依頼を受けた。

この事例から高齢者の入院前の生活の様子、家族状況、地域における人間関係、社会関係を知ることが、支援方針をたてていくうえで、とても重要な情報となっていることが理解できよう。

(2) 入院中の高齢者支援における留意点

①限られた療養環境における高齢者への支援（人間らしい生活の確保を目的に）

病院という限られた療養環境では、一定の活動（面会、飲食、就寝時間、行動範囲、入浴回数、嗜好品の摂取、院内設備や携帯電話の使用など）が制限されている。療養中、高齢者は心の中に大きな不安を抱えながら、慣れない環境で治療を受けている。安心した療養生活を送るためには、医療スタッフとの関係も問われてくる。MSW はこのような療養環境において、高齢者がいかに不都合を感じているかに耳を傾け、人間らしい生活を実現することができるように支援していかなければならない。例えば、集中治療室の重症部屋などは、プライバシーが全くない環境といってもよい。緊急入院の際、患者は、急激な環境変化から認知機能が低下したり、不穏状態となって治療拒否を呈し、治療の継続が困難になる場合がある。保存的治療を選択することになった場合、早期に適切な環境を検討していかなければならない。療養環境の不適応からストレスが生じた患者に介入をする場合、高齢者の生活史、文化など生活背景を理解し、他職種と協議しながら、患者が安心して療養ができる生活環境を整えていく必要がある。療養病棟に入院となる患者には、寝たきり状態の患者が多く、患者はただひたすらベッド上で訪問者を待つだけの時間を過ごさなければならない。そのような患者に対して MSW が病室を訪問し、患者に語りかけ、患者の思いに耳を傾けることも大切な援助の一つといえよう。

②高齢者の不安によりそうこと

高齢者は、病気に関すること、経済的なこと、退院後の生活に関することなど、常に様々な生活の不安をもっている。不安によりそうことは、高齢者の思いを聴くことである。高齢者がどのような思いを語っても、その言葉を受け止めてくれる、自分がそのままで受け入れてもらえると感じられるようなMSWの姿勢が大切である。

③身寄りのない高齢者の支援

近年、身寄りのない高齢者が増えている。救急搬送され意識が回復しないまま支援を開始しなければならない高齢者、認知症で支援者がいない高齢者など、さまざまである。MSWはさしあたり療養上に必要な物品調達や、経済的な保障、治療方針の同意に関する事項について、早期に生活状況や支援者の有無を把握し、介入を行う。高齢者の状態、支援者による支援の可能性を十分に把握したうえで必要があれば、成年後見制度の申し立て等を検討する。しかし現状として、成年後見制度の申し立てには、ある一定の期間を要すること、成年後見制度の対象外の状態で死亡した場合など、意思決定者が不在（遺骨や患者が残した遺産の引き取りを誰が行うのか等）であることも多く、院内、公的機関、法律の専門家等と対応を協議し、支援を行うことが必要となる。

表２　MSWの業務②

○退院援助　○社会復帰援助[10)] 生活と傷病や障害の状況から、退院･退所に伴い生ずる、経済的･心理的･社会的問題の予防や早期の対応を行い、関係機関、関係職種等との連携の下に、退院・退所する患者の生活と傷病や障害の状況に応じたサービスの活用、在宅ケア諸サービスについての情報を整備すること。転院のための医療機関、退院・退所後の社会福祉施設等の選定を援助すること。

④入退院を繰り返さないための方法の検討

高齢の患者は、誤嚥性肺炎、薬の飲み忘れ、食事管理、水分管理ができない等の理由から、退院後まもなくに病状が悪化し、再入院となるケースが多い。例えば、肺炎や心不全を繰り返す高齢者の場合、身体的負担は大きく、ADL 低下、廃用症候群となり、入院が長期化する可能性も高くなる。このような場合、退院後の生活スタイル（食事管理等）や、病気の再発を繰り返さないための方策（早期受診や、食事管理、内服管理、介護サービス内容の見直し等）を検討し、患者のもつ力（できること、周囲の人から助けを求める力など）を活用しながら生活することができるように支援する。

〈事例 1〉

急性気管支炎、無気肺で入退院を繰り返している高齢者 A 氏（70 歳代）の支援について紹介する。A 氏は前回の退院後、10 日で救急入院となった。急性期は集中治療室で人工呼吸器管理となり、ほぼ寝たきり状態であったが、抗生剤投与、点滴管理で状態が改善した。吸入、吸引は 1 日 4 回ずつ必要であり、退院後も継続的な見守りが必要な状態であった。A 氏は、在宅で一人暮らしをしていたが、入退院を繰り返すたびに ADL が少しずつ低下していた為、近所の住人からは不安の声が挙がっていた。

入退院を繰り返す高齢者の場合、それまでの生活スタイルにも再発を誘引する原因があるため、生活のあり方を見直さなければならなくなる。A 氏は自宅での一人暮らしを望んでいたが、退院前のカンファレンスでは、A 氏がどの程度まで自己管理ができるのかについて話し合われ、吸入、吸引の管理が難しいこと、吸入、吸引は最低でも 1 日 2 回ずつ必要との意見がでた。カンファレンスの結果、A 氏が吸入吸痰器をレンタルし、確実に吸入、吸引ができるように退院後しばらくのあいだ、近医による定期的な往診、1 日 2 回の特別訪問看護利用、デイサービスを週 3 回利用することによって入退院を繰り返さないように生活ができるプランを検討した。またインフォーマルな支援については、A 氏の朗らかな性格から、顔見知りの知人が地域に多く存在し、アパートの住人、スーパーやドラッグストア等で出会う地域の人に見守られながら、在宅で生活を行うイメージを検討することができた。

A 氏は、フォーマルサービスによる医学的管理、生活支援、A 氏のもつ地域資源であるインフォーマルサービスを活用することで自宅へ退院することができた。

高齢者の退院後の生活を考えるうえでは、病気の再発を繰り返さないための方策とともに、患者のもつ力（できること、周囲の人から助けを求める力など）や地域社会におけるインフォーマル支援が、どの程度可能であるかについて考えておくことも必要である。MSWは、高齢者の問題を多面的かつ個別的に理解し、生活状況、社会関係をとらえ、その人らしい生活が再構築できるように支援を行うことが大切である。

⑤患者の思いを関係機関につなげ、支援を引き継ぐ

介護の必要な高齢の患者が退院する場合、関係機関のケアマネージャーやスタッフと連携しながら退院支援を行う。その際、患者が退院した後も、その人らしい生活が実現できるように、患者の思いを関係機関につなげ、支援を引き継ぐことが重要であろう。

〈事例2〉

間質性肺炎の患者Ｂ氏（80歳代）の支援では、急変するリスクがとても高い状態であったが、「このまま病院で死を待つのは嫌だ。自分が住みなれた家に帰って好きなものが食べたい」というＢ氏の切実な要望を叶えるために、比較的状態が安定している時期に退院を試みた。Ｂ氏は、常時、酸素10－15L程度の投与量を要し、排泄をするだけで酸素飽和度が急激に下がってしまうほどの重篤な状態であった。MSWには、Ｂ氏がベッド周囲でしか生活ができない限られた環境のなかで、苦悩しながら療養生活を送っているように感じられた。Ｂ氏の自宅退院を実現するためには、家族の協力、医療スタッフ、関係機関担当者間の連携が必要であり、退院にむけて討議を重ねた。

医学的管理が必要な患者の場合、退院前に入念な準備が必要となる。そこで、通常の在宅酸素療法で使用する濃縮器では酸素投与量7Lが限度であるため、業者に相談し特別に複数の濃縮器を連結させて、酸素量を確保することとし、機械のトラブルや停電等に備えて、携帯酸素ボンベを流量

が確保できる本数を備えた。自宅浴室での入浴介助や急変時の対応等については、家族支援以外の医療スタッフによる協力が不可欠であり、医療保険を使っての特別訪問看護を毎日利用するプランとした。また緊急時に備えて、関係機関の緊急連絡網をつくり、当院、近医、酸素会社とも常に連携ができる体制をつくった。

退院後、在宅で支援を担当していた訪問看護師からは、毎日電話でMSW に病状報告があり、それを院内スタッフで共有し、B 氏の在宅生活を見守る中、B 氏は 10 日間、望みどおり在宅での生活をすることができた。

援助においては、患者の思いを叶えるためには何ができるのかを考え、そのためには、どのように創意工夫し、患者の思いを支援に反映させていくのかが大切である。つまりこの事例から、特に高齢者支援におけるMSW の主な役割は、高齢者の思いに近づくことができるように、その人のためだけの援助の組み立てを行い、その人の思いを関係機関へつなげて支援していくこと、そのことによって高齢者の人間らしい生活の可能性が広がると思われる。

⑥その人らしさを尊重した生活の再構築

MSW は、患者の生活状況や問題を充分に理解したうえで、患者の権利を保障し、その人らしさを尊重した支援を行うことが大切である。

〈事例 3〉

心筋梗塞再発リスクの高い高齢者Ｃ氏（男性:80 歳代）の退院支援では、Ｃ氏の唯一の楽しみである「自宅近くの海岸を、電動車いすで１人で散歩しながら、煙草を吸うこと」について退院前カンファレンスで話し合われた。Ｃ氏は要介護度が高く海まで１人で行くことは危険であり、健康管理上、できれば煙草は吸わないほうがよいという医師の意向を踏まえ、Ｃ氏には我慢していただくしかないとの意見がでた一方で、Ｃ氏の唯一の楽しみを奪うことがよい支援なのかという意見も聞かれた。退院前カンファレンスの結果、最終的には、煙草を吸う本数を減らし、海に行って気分転換を図るという援助方針となった。

退院後、担当訪問看護師から「C 氏が毎日吸う煙草の本数が減らない。C 氏に注意したところ抵抗し、精神症状が悪化してしまった。訪問看護師として、今のまま煙草を吸い続けるC 氏を見守ることでよいのか、また煙草を取り上げたほうがよいのか、主治医に聞いてほしい。」と電話で相談があった。MSW は主治医と相談のうえ、担当訪問看護師に「心筋梗塞の再発リスクが高いことはC 氏には説明済みであるが、わかっていても煙草を吸ってしまうことは仕方がない。勿論、吸わない方がよいが、精神症状が出現しているのにC 氏の楽しみを奪うことはできない。C 氏には自らの判断で好きなように生活していただくしかない。」と伝えた。

患者には、自らの判断力と自己決定のもとにリスクに挑戦する機会を選択する権利がある[11)]。MSW は患者の権利を保障しながら、生活状況（人生の歴史、人間関係、社会関係や問題、健康な側面、感情、）や問題を多面的かつ個別的に理解し、支援を行うことが大切であると考えられる。

5　MSW の援助における大切な視点（病院における高齢者介護の観点から）

我々 MSW は、利用者の個々の生活、あるいは人生をどのように理解し、実践していくかが問われている。援助の目的はまず相手との信頼関係を育て、深めることである。そのためには、相手の気持ちをわかろうとする態度、「見る･聴く･受け止める」ことから生活のしづらさや生きづらさを理解し、人にかかわる基本的な態度を身につけていかなければならない。MSW は、患者の思い、疾病に関すること、生活、人生に、丁寧な関心をはらうと同時に、MSW が自分自身の感情や不安、葛藤に向き合っていくことが大切な視点となる。

平成 24 年度診療報酬・介護報酬同時改定により、今後、医療と介護の連携・機能分化、早期の在宅療養への移行や、地域生活への復帰にむけた取り組みが行われ、一層、患者の在院日数の短縮化が進むと予測される。このような変化の激しい医療情勢においても、患者の権利が保障されるよう、我々、MSW には、人間的な価値を目指す営みである実践を通して、人の生命と生活を維持し生きる力、人間が人間らしく生きていくことへの援助が求められているといえよう。

【引用文献】

1)　厚生労働省，社会保障に係る費用の将来推計の改定（平成24年３月）http://www.mhlw.go.jp/seisakunitsuite/bunya/hokabunya/shakaihoshou/kaikaku.html
2)　全国保険医団体連合会（2012）点数表改定のポイント．2012年４月，8-12.
3)　佐藤俊一（2001）対人援助グループからの発見「与える」から「受け止める」力への援助へ．中央法規，49-58.
4)　得永幸子（1984）「病い」の存在論．地湧社，41-115.
5)　ミルトン・メイヤロフ，田村真・向野宣之 訳（1987）ケアの本質　生きることの意味．ゆみる出版，185.
6)　上野千鶴子（2012）ケアの社会学　当事者主権の福祉社会へ．太田出版，5-6.
7)　田中千枝子（2011）保健医療ソーシャルワーク論．勁草書房，15-16.
8)　尾崎　新（2003）「ゆらぐ」ことのできる力．ゆらぎと社会福祉実践，誠信書房，1-30.
9)　C・B・ジャーメイン・小島蓉子編訳（1992）エコロジカルソーシャルワーク．カレル・ジャーメイン名論文集．101-127.
10)　前田ケイ監修　保健医療の専門ソーシャルワーク研究会編（2000）保健医療のソーシャルワーク業務指針の具体的解説．中央法規出版，108-147.
11)　植田章・岡村正幸・結城俊哉編（1997）社会福祉方法原論．法律文化社，208-214.

【参考文献】

植田章・岡村正幸・結城俊哉編（1997）社会福祉方法原論．法律文化社，318-321.

尾崎　新（2003）対人援助の技法――「曖昧さ」から「柔軟さ・自在さ」へ．誠信書房，68-93.

黒田研二･清水弥生･佐瀬美恵子編（2011）高齢者福祉概説【第 3 版】．明石書店，13-37.

佐藤俊一・竹内一夫・村上須賀子編（2010）新・医療福祉学概論．川島書店，4-17.

高橋鑑一・渡辺道代・森山治 編（2009）社会資源の活用・調整とホームヘルプ．萌文社

土居健郎（2000）土居健郎選集 5 人間理解の方法．岩波書店，103-111，198-203

伏見幸子・古川繁子編（2004）事例で学ぶ高齢者福祉論．学文社，1-73.

三原博光 編（2011）日本の社会福祉の現状と展望．現場からの提言，岩崎学術出版社，8.

森村　修（2000）ケアの倫理．大修館書店，84-94

米村 美奈（2006）臨床ソーシャルワークの援助方法論――人間学的視点からのアプローチ．みらい．

鷲田清一（2006）待つということ．角川書店，68-69.

第5章 高齢者の暮らしと楽しみ

1 はじめに

我が国の高齢者人口は世界に類を見ないスピードで増加し、平均寿命は平成22年に83.0歳で、まさに人生80年時代となった。平成7年に制定された高齢社会対策基本法では、画一的な社会的弱者という高齢者像を刷新し、就業の確保や健康増進、介護予防、社会参加の促進などの指針が示されている。平成23年度版高齢社会白書によれば、総人口に対する65歳以上の人口の割合は23.1%で、その内訳は65歳以上75歳未満が11.9%、75歳以上が11.2%となっている。60歳の「還暦」がピンとこないばかりか、70歳でさえ現代では「古来稀なり」というものではない時代である。周囲を見渡しても、65歳で高齢者というにはまだまだ早いという人が大勢いる。地域の一人暮らし高齢者の見守りや生きがいづくりなどを目的とした『いきいきサロン』や児童の登下校時の見守り活動でも、元気な高齢者が中心的な役割を担っている。

また、2012年の厚生労働省の発表によると、介護を受けたり病気で寝たきりになったりせず、自立して健康に生活できる期間を示す「健康寿命」は、2010年に男性70.4歳、女性73.6歳である。2010年の平均寿命は男性79.6歳、女性86.3歳であり、今後の国民の健康づくり計画において、2010年から2022年の平均寿命の延び幅を、健康寿命の延び幅が上回ることを目標に盛り込むとしている。

一方、健康寿命と平均寿命の差は男性で約9歳、女性で約13歳である。この期間は、何らかの介護を必要とする。平成15年度厚生労働白書によると、見守りも含めて何らかの介護が必要となる期間は、3年以上が約半数、5年以上が約4分の1となっており、介護が必要な期間も長期化していることがわかる。これからの老後を生きていくものにとって、健康寿命を延ばすことと、要介護状態になってからも介護を受けつつ楽しく暮らすことを考えていくことが大切なのである。そして介護を提供する者は、介護を通して、そうした暮しのパートナーの1人になることが必要であろう。

2　高齢者の力を発揮できる新しい場づくり

人の生活活動は大きく三つに分類されるといわれる。睡眠や食事など生きていくうえで生理的に必要な活動、仕事や家事など人が社会の一員として行う義務的な活動、休養や娯楽、趣味など個人が自由裁量で行ういわゆる余暇活動である。余暇活動は、大きく分けて二つある。趣味や娯楽などの積極的余暇活動時間と、休養などに代表される消極的余暇活動である（金津，2009）[1]。定年退職や子供の独立などを境に、趣味や娯楽などの積極的余暇活動時間が大きく増加する。旅行や趣味活動などに費やすことが出来る時間ができることと、体力や気力が衰えていないことが、こうした活動を可能にしている。こうした人々が、前述した活力ある高齢者として、自らの健康増進や介護予防、地域でのボランティア活動などを通して、地域づくりの一翼を担っているのである。

以下に、介護福祉士の養成に高齢者の活力を活かす取り組みを紹介する。筆者が勤務する新見公立短期大学地域福祉学科では、介護福祉士を養成している。介護福祉は、介護が必要になった人の一人ひとりの生活を支える仕事である。生活を支えるためには、まずは「その人と生活を理解する」ことが欠かせない。しかし、戦後の高度経済成長期を挟み、また近年のIT技術などの目覚ましい発達により、若い学生たちと高齢者等では、育ってきた時代や生活様式は驚くほど違っている。そこで本学では、学生と地域住民の『相互支援活動』に取り組んでいる。学生は、地域に暮らす高齢者の暮らしぶりを身近に感じたり、高齢者の知恵や技を教えてもらう。地域の高齢者には学生に教える役割を担うことで、楽しみややりがいを感じてもらい、介護予防に役立ててもらおうという取り組みである。具体的には、杵と臼を使っての餅つき、農地に学生が行って、１年を通して、蕎麦の種まきから収穫、蕎麦打ちの体験、地域の高齢者を学校に招いて、授業の中で行う手芸などがある。

〈手芸の『先生』——生活の技を教える〉

手芸では、70歳代の仲良しグループ３名に、授業として裁縫を教えてもらっている。雑巾でもいいので簡単な裁縫を教えて欲しいとお願いをしたところ、ハンカチを使って簡単にできる巾着袋やお手玉、古くなったスカーフを使ったネックレス、手拭いで作る刺し子のコースターなど、毎年、いろいろとアイデアを出して、新しいものを教えて下さる。授業後、感想を尋ねると、「とにかく楽しかった。」、「50数人もの学生相手にできるかと不安もあったが、できてよかった。」、「若い学生が素直でかわいい、一生懸命やるのを見るのが嬉しい。」、「短大で『先生』などといわれるのは恥ずかしいが、こんな体験ができるとは夢にも思っていなかった。」など、非常に楽しい活動となっていることが伺える。また、事前に何を作るか相談したり、布の裁断や作り方の説明書を作ったりと、授業の日以外にも、３名で集まって準備をすることも楽しみになっている。

〈餅つき——生活文化を継承する〉

餅つきは、新見市高瀬地区の高齢者グループと学生で毎年12月に実施している。学科行事として取り組むもので学科教員も全員参加する。準備の段階で、大工をしておられた方が杵の修理をしてくださったり、もち米の水切りのすのこを竹を切りだして作ったり、藁で杵についた餅をとる縄を作って下さる。当日は、男性４人が臼を囲んで、テンポよく力強い餅つきを見せて下さったり、学生につき方を指導していただく。女性陣はもち米の蒸し方や丸め方、昔作っていたという草餅から、最近流行りの紫芋入りの餅などを教えて下さっている。感想には、楽しかっただけでなく、「やりがいがある」、「生活文化の継承につながる」、「地域住民の交流が深まる」などの声が多い。

〈相互支援——高齢者が学生を育て、学生が高齢者の意欲を引き出す〉

高齢者にとって、学生という異なる世代との交流が大きな楽しみになっているだけでなく、自らの知恵や技術を授業や行事の中で教えるという非日常的な活動が､適度な緊張感と有用感を与えるものと考えられる。また、教える役割を担うという責任感が、「新しいことを考えるのは悩む。けれど同じものばかりではダメ。」と、新しいものにチャレンジする意欲や、昔の道具を再現して見せてやろうといった、生活文化を伝承する役割意識を引き出しているものと考えられる。また、何を作るかを集まって相談し準備することにより地域の交流が深まり、目標を持った活動を計画立てて進めるという生活のハリにつながっているものと思われる。

一方学生にとっては、高齢者に教えてもらう内容が介護に役立つことはいうまでもない。それに加えて、高齢者がこうした活動を行うことに喜びを感じていることを体験することで、高齢者が役割を持つことの大切さを理解すると同時に高齢者が喜ぶ姿を見て学生はうれしいと感じている。これは、高齢者の喜びが自分の喜びにつながることを実感することである。教えてもらう学生の存在が、教える高齢者に喜びや役割を与え、高齢者が喜ぶ姿が学生に喜びを与えるという相互作用である。介護は、提供する介護者と提供される被介護者という一方的な関係ではなく、互いに与え与えられるものであることを学ぶ機会であり、高齢者の力が介護福祉士養成の一助になっているのである。

3　要介護高齢者の暮らしを支える介護

次に、要介護高齢者について述べる。前述のように、地域づくりや次世代の育成などに活力を発揮することも重要であるが、人によって長いか短いかの差はあっても、望むと望まざるとにかかわらず、ほとんどの人は人生最後の時期に誰かの手に身を委ねることになる。誰にも支えられず、誰にも看取られずに死に逝くことが、本当に「よかった。」と思える人生の締めくくりとは思えない。要介護状態になっても、その状況に折り合いをつけながら、楽しみを持って暮らしていくために、介護が果たすべき役割は重要である。

(1) 生活を支える介護

介護福祉は、利用者とその生活を支える仕事である。その視点は、その人の人生や日々の生活から離れては成り立たない。利用者が快適な日常生活が送れるように、排泄や食事、入浴などの日常生活活動（ADL）や、調理や洗濯、掃除などの手段的日常生活活動（IADL）への良質な支援が行われることが大前提である。ADL の介護は毎日繰り返し行うものであるため、良質な介護ができれば、その都度利用者に快適さや安心感などの快刺激を与えられる。また、利用者の残存機能を活用したり、潜在能力を引き出す介護を行うことで、生活リハビリになる。逆に適切な介護ができなければ、日に何度も不快刺激を与え、利用者の苦痛や介護者への不信感を招き、利用者の身体や精神、心理に悪影響を及ぼすことになる。

おむつの当て方が悪いために、座っているとお尻が痛いというようなことでは、起きて活動する気持ちにはなれない。洗濯に出した靴下が片方しか返ってこないのに、本気で探してくれる様子のない介護者に、「何かやりたいことはありませんか。」と問われても、そんなことより靴下を返してと言いたくなるのは当然である。日々の暮らしをきちんと支えるという当たり前のことを、当たり前に行わなければならないのである。しかし、同時に人の暮らしは、ADL や IADL だけで成り立っているわけではない。また、人は多くの場合、ADL や IADL を目標に生きているわけでもない。だからこそ、たとえ ADL の多くの部分を介護者の支えによって行わざるを得ない状態であっても、その人らしく生きることが出来るのである。

(2) 身だしなみの重要性「その人となり」を整える

私たちは､朝起きてパジャマから外出着や日常着に着替える。その日の、過ごし方に応じて、身だしなみを整えるのである。仕事に行く時には化粧をし、仕事の内容に応じて、動きやすい服装を選んだり、多少窮屈でも相手に失礼のないようスーツを着込んだりする。それがきちんとできない場合は、失礼な人、だらしない人として評価される。

著者が初めて介護現場で働きはじめた頃のことである。

施設入所されている利用者のところへ、昔の知り合いの人が面会に来られた。面会が終わり、帰り際に面会者から、「あの方は、元気なころは几帳面で、いつもきちんとされていたのに…。」と言われ大変落ち込んだ経験がある。その日、その利用者は髭も剃らず、普段着のスウェットスーツを着たままで面会させてしまっていたのである。利用者の誇りを大きく傷つけてしまったことを今でも後悔する出来事である。身だしなみを整えることは、まさに「その人となり」を大切にすることなのである。

(3)　高齢者の化粧やおしゃれ

近年では、化粧やおしゃれを楽しむ高齢者も多い。以下に、化粧やおしゃれの効果について述べる。

①容姿と QOL の関係

高齢期は喪失体験の連続であり、加齢によって発生してくる様々な身体機能面や精神機能面の変化は、高齢者における生活の質（Quality of life, 以下 QOL）に影響を与えると指摘されている（鎌田ら, 1999）[2]（鎌田ら, 2001）[3]（佐藤ら, 2003）[4]。また、高齢者は、皮膚のシワや色素沈着、色素脱失、あるいは疾病による形態変化等の様々な皮膚の問題を抱えている。そして、このことは自信の喪失や自己のボディイメージの悪化、あるいは自宅外における社会との接点が減少することにつながり、QOL の低下につながるといわれている（徳丸, 2003）[5]。しかし一方では、皮膚疾患や化学療法, 放射線治療中の患者にとって“ネガティブに感じてしまう容姿の変容”に対し、化粧等によるカムフラージュを行うことにより、自己のボディイメージの改善や自信の回復が図られ、社会との結びつきが回復し、QOL が改善されるという報告がある（Rabins PV, 1999）[6]。

以上のように人間にとって“目にみえる自分の容姿”と QOL とのあいだには深い関連があり、高齢者が日常的に化粧やおしゃれを行い、自己にとって満足のいく容姿を継続できた場合には、対象者の QOL を維持または向上させる可能性が高いと考えられる。

②ネイルケアをしただけなのに

筆者が高齢者を対象者とした化粧やおしゃれについて、その大いなる効果を初めて目の当たりにした体験を紹介させていただく。対象者は６例で、表情が暗くて日常的には笑顔がほとんど見受けられない重度の認知症の女性４例、攻撃的で社交性の欠如したトラブルの多い認知症の女性２例であった。実施した介入は、対象者におけるご家族の同意を得たうえで、爪切りで爪の形を整えた後に爪の表面を滑らかに磨き、ネイルのカラーリング（100 円ショップで購入した２色のみを使用）を実施しただけの非常にシンプルな内容であった。しかし結果としては、その直後から６例ともに笑顔が発生した。そして、その笑顔のなかには“女らしさ”や“照れ笑い”のような表情が含まれており、それまで目にしてきた対象者とは別人の表情であった。この出来事は男性の私にとってまさにセンセーショナルであり、理解に苦しんだ。内心では「たかだか爪を綺麗にしただけなのに……」と感じた。しかし女性高齢者にとって、容姿におけるポジティブな変化は、それが 100 円ショップで購入した素材でつくられた小さな変化であっても心を豊かにする効果が存在していたのである。

③ネイルケア介入の効果判定

前述のネイルケアを実施した６例について、筆者による１回目の介入の後、1 週間に１回の頻度でネイルケア（カラーリング含む）を８週間実施し、その期間における QOL の客観的評価を QOL-D を用いて１週間に一度の頻度で実施した。QOL-D とは、米国の Rabins（Rabins PV, 1999）[6] が開発した認知症を有する高齢者の QOL 尺度を、鎌田ら[1)2)] が日本語に訳したものであり、認知症高齢者における QOL の程度を点数化できる尺度である。総合得点とともに「①周囲との生き生きとした交流」「②自分らしさの表現」「③対応困難行動のコントロール」の各下位項目について、それぞれ評価を行えるようになっている。

６例の対象者への８週間のネイルケアの介入の結果、６例すべてにおいて QOL-D における大幅な合計得点の向上が認められた。また、QOL-D における下位項目の「①周囲との生き生きとした交流」と「②自分らしさの表現」についても、6例すべてにおいて大幅な得点の向上が認められた。「③対応困難行動のコントロール」については、2例について得点の向上が認められた。対象者が6例という少なさはあるものの、ネイルケアを行なったことによって、QOL-D の得点が大幅に向上したことは非常に有意義である。なお、筆者らは、その後も対象者を増やしながらネイルケアの効果について追跡調査を行なっている。

④コスメティックセラピーの可能性

近年、高齢者におけるコスメティックセラピー（化粧、髪型、衣服、アクセサリー、アロマセラピーを利用した環境づくりなど）がもつ効用が、よりいっそうの注目を集めている。身だしなみやおしゃれに対して消極的になる傾向にある高齢者において、コスメティックセラピーは、高齢者の自己意識や社交性を高め、自信や生活意欲を高める効果があると指摘されている（矢野，2000[7]；堤，2001[8]）。

筆者らもネイルケア介入のみならず、最近では化粧とヘアメイキングに着目し、介護老人保健施設や通所リハビリテーション施設の利用者を対象として試行している（佐藤[9]）。筆者がネイルケアとネイルカラーリングを担当し、現役の美容師やメイキャップアーティストにボランティアで来ていただき、定期的にコスメティックセラピーを実践している。時にはリフレクソロジストにもご協力をいただきながら手探りではあるが、それらの効果判定に関する探求を蓄積しているところである。まだまだ学術的なエビデンスは乏しい段階ではあるが、介入後の対象者は一様に満足げな笑顔で満ち溢れ、1人の女性としての気品や自信がよみがえっている。時には、活動性が向上し、丸くなった背すじをピンと伸ばし、胸を張って歩かれるようになる対象者も存在している。

以上のことから、コスメティックセラピーは健康寿命の延伸や介護予防につながる大きな可能性をもちあわせていると筆者は考えている。そして、女性の平均寿命が長い高齢社会にある現在、コスメティックセラピーに関する種々の実践が女性高齢者における QOL の向上や健康寿命の延伸につながれば、非常に有意義なことであると考えられる。

(4)「やりたいこと」目標へ焦点を当てる——楽しみを引き出す介護

老人ホームに入所される利用者の多くは、決して入りたくて入所されるわけではない。自分が負った障害や、家族や住み慣れた我が家から離れざるを得ない辛さを抱えて入所される方がほとんどだろう。また、集団生活の息苦しさや、やりたいことも諦めるほかないといった気持から心を閉ざすことも少なくないと思われる。楽しみを感じようとする気力さえも無くしておられることが、更に障害を重くしていくという悪循環が生まれる。利用者が生活を楽しもうという気持ちを取り戻すには、前述したADLやIADLの良質な介護を提供することを前提としたうえで、さらに介護者が利用者の「やりたいこと」を引き出す努力が必要である。たとえ利用者から「やりたいことなど何もない」といわれたとしても、介護者が提案する利用者の「やりたいこと」が、利用者が忘れかけていた「やりたいこと」にマッチすれば、それを実現するために利用者と一緒に準備したり、努力したりする意欲が生まれてくるのである。

①妻の墓参りを実現することによって、生活意欲を取り戻したAさんの事例

Aさんは、特別養護老人ホームに入所している67歳の男性である。仕事を退職した後は妻と二人暮らしをしていたが、妻の急死直後自らも脳梗塞を発症し、後遺症で右片麻痺となった。子どもや身寄りのいないAさんは、近所の人たちからの勧めで、特別養護老人ホームに入所することになったが、急な環境の変化によって生活意欲がすっかり低下し、職員の声かけにもほとんど反応をしない毎日が続いていた。Aさんの好きなことは、お菓子と甘いコーヒーを飲むこと、テレビを見ることなどで、嫌いなことは動くことだった。トイレに行くのは嫌だといっておむつを使い、短下肢装具を装着すれば杖歩行も可能だったが、歩行訓練も大嫌いだった。体重は80kgを超えるまでになっていた。

できる能力はありながら、やってくれないAさんを見ながら、どうすればAさんが意欲的な生活が送れるのだろうかといつも考えながらAさんに接していたが、ある日「何かやってみたいことはないですか」と尋ね

たところ、「一つ気になることがある」といわれ、それは、奥さんが亡くなられてからすぐに脳梗塞を発症したため、墓参りに一度も行っていないことだった。「墓参りには行きたいけど、妻の墓は山の高いところにあって、階段もたくさんあるから、もう一生いけないだろう……」と寂しそうに話をされた。この話を聞いた私は、これはチャンスと思い、お盆に照準を合わせ、墓参りを実現するという目標を立てた。「A さんの体重なら全部の階段を背負うことはできない。せめて、半分だけでも自力で上がってくれたら、残りは自分が責任を持って背負って上がる」ということを伝えた。A さんも背負うという話は半信半疑ながら、責任をもって連れていくという言葉にぐっときたのか、翌日から好きなお菓子もちょとだけ我慢し、自ら平行棒を使って歩行訓練をしたり、トイレで排泄をしようと試みられるようになった。

それから1カ月半、お盆を少しだけ過ぎた日に墓参りを実行した。A さんの体重はほとんど変わらなかったが、顔つきは確かに変わっているように感じられた。A さんを階段の下まで車いすで誘導したところ、墓のある場所をぐっと睨んだ後、手すりを握り一段一段ゆっくりと登って行かれた。途中何度も休憩をされる度に、「背負いましょうか」と声をかけたが、「大丈夫です」と首を横に振り、頂上を目指し黙々と登って行かれた。そして、ついに自分の力だけですべての階段を登りきり、奥さんの墓の前まで辿りついた。墓の前ではおいおいと声を出して泣き、「やっと来ることができた。1人にしてすまなかった」といわれた。降りるのもすべて自力で歩かれた。

②楽しみを引き出す様々な活動

現在、多くの介護施設で利用者の楽しみを引き出すための取り組みが行われている。植物とくに農作物を育てる園芸では、種まきや苗の植え付けから収穫まで、継続的に行える活動であり、作物が成長する姿は誰しも楽しみなものである。また、農作業を行ってきた高齢者にとっては、自分の知識や技を教える場ともなる。また、収穫した作物を調理したり、食することでさらに楽しみが増えることもある。適切な促しがあれば、農作業を行っていた頃のこと、調理していた頃の思い出が語られ、回想の効果もある。

女性であれば簡単な裁縫などは、ある程度認知症が進んでいる場合にも出来る場合が多い。雑巾や布巾など、日常生活で実用的なものであれば、使うたび、作ってくれた利用者に感謝の言葉を伝えることができ、作った利用者も嬉しいことだろう。編み物は手編みでは、両上肢の機能がかなり維持できていないと難しいが、子供用の玩具で機械編みができるものもある。編み機を固定しておけば、片手で編むことが可能で、マフラーのようなものであれば簡単にできあがる。また機織り機もテーブルサイズのものが安価で購入でき、縦糸を準備すれば、片手でも織ることができる。こうしたものは、できあがりの見栄えがよいため、身体機能が低下して出来ないことが増えている利用者にとって、自信の回復にもつながる。

塗り絵や貼り絵などは、手軽にできる面でよく用いられる活動であるが、ある程度、大人が作った満足感が得られるものでないと、楽しみより逆に自信喪失につながりかねないので気をつけたい。指先の巧緻性の低下がみられる利用者の場合は、あらかじめ介護者が小さい花や葉などのパーツを切り絵などで作成しておけば、貼り絵の材料として提供し、レイアウトを考えて貼ってもらうと、簡単な割に見栄えの良い作品ができる。

また、こうした活動は、個別または小グループで取り組まれる。小集団であることが、参加者同士の交流を生み、なじみの関係の形成につながって、精神的な安定にも有効である。

4　おわりに

人間は「ケアする動物」(広井, 2001)[10] であるといわれる。人間として成長するためにはケアすることが必要であるというのである。その介護は要介護者があってこそ成り立つのである。

若年性アルツハイマー型認知症の太田正博さんは、認知症の当事者として、日々の生活の中にある生活のしづらさや、介護者にしてほしいこと、してほしくないことを語られる講演活動を精力的に行っておられた。その内容は、若年性アルツハイマー型認知症の人の介護に多くの示唆を与えている。同時に、太田さんがこの講演活動を、心底楽しんでおられた姿は、人間の可能性や『命の輝き』を感じさせ、多くの人に感動を与えた。前述したAさんの事例においても、介護者は、「怠けているというレッテルを貼っていた自分が恥ずかしくなった。」、「意欲的なAさんを見ることができるのではないかと、今も楽しみにしている。」など、Aさんから多くのことを学んでいる。介護者は、介護を受ける者によって育てられている。提供した介護がその利用者に適切なものであれば良い反応が、不適切であれば逆の反応が返ってくる。それによって、自らの介護を振り返ることができるのである。

五木寛之は『下山の思想』のなかで、「戦後、私たちは敗戦の焼跡の中から、営々と頂上をめざして登り続けた。（略）頂上をきわめたあとは、下山しなければならない。」（五木，2011）[11]と述べている。戦後の復興期には、焦土と化したこの国、モノのない時代からの脱却、物質的豊かさという目標は人々を勇気づけ、活気づけただろう。生産することが価値であり、生産できなくなるという価値の喪失は、生きる目標さえも失わせる。それが、これまでの時代だったのではないだろうか。五木は続けて、「見事に下山する。安全に、そして優雅に。そのめざす方向には、これまでとちがう新しい希望がある。」（五木，2011）[12]と述べている。

介護福祉においては、「そのめざす方向」には健康長寿だけでなく、どのような状態であれ、人がひとを支え、支えられるのが当たり前の社会であってほしいと願う。

[引用文献]

1) 金津春江（2009）介護の基本Ⅰ．中央法規出版，3-4.

2) 鎌田ケイ子・山本則子・阿部俊子他（1999）痴呆高齢者の生活の質（QOL）尺度の開発．老人ケア研究 10，1-7.

3) 鎌田ケイ子・山本則子・阿部俊子他（2001）痴呆高齢者の生活の質（QOL）

尺度の開発（その2）．老人ケア研究14，1-11.

4）佐藤三矢・小幡太志・日高正巳他（2003）高齢痴呆者における移動能力とQOLおよびADLとの関係に関する調査．吉備国際大学保健科学部紀要第8号，79-83.

5）徳丸　治（2009）化粧による高齢者の行動変容——高齢夫婦の女性配偶者の化粧により男性配偶者のquality of lifeの向上は図れるか．Cosmetology 17，121-128.

6）Rabins PV（1999）Concepts and methods in the development of the ADRQL：An instru-ment for assessing health-related quality of life in persons with Alzheimer's disease. J Ment Health Aging 5, 33-48.

7）矢野美千代（2000）高齢者のコスメティックセラピー．一橋出版社，36-71.

8）堤雅恵（2001）老人保健施設入所者に対する化粧の効果．山口県立大学看護学部研究紀要第5号，75-80.

9）http://www.sato38.com/

10）広井良典（2001）ケアを問いなおす〈深層の時間〉と高齢化社会．ちくま新書，37.

11）五木寛之（2012）下山の思想．幻冬舎新書，33.

12）五木寛之（2012）下山の思想．幻冬舎新書，39.

第6章 高齢者とレクリエーション

1 非日常の“遊び”

(1) レクリエーションとは

レクリエーション（recreation）の語源は、ラテン語の re-creare にあると考えられており、これは“再び創る”という意味をさしている。J.A. コメニウスは、「教授学に基づく教授方法も必ず一定時間を図って学業と休業を交替させ、体力回復（recreation）を図らなければならない」と述べており、授業のあいだの休憩時間や元気を回復させる活動だと考えられていた。その後、レクリエーションは、教育分野だけでなく、YMCA（世界キリスト教青年会）や YWCA（世界キリスト教女子青年会）の活動により青少年教育団体とともに世界に広がっていった。また、レクリエーションは労働者の権利として、レジャー憲章（国際レクリエーション協会, 1970）で謳われ、生産性を高めるために必要な活動としての広く認められることとなった。

日本では、第二次世界大戦後に“レクリエーション”の普及が始まり、1947 年（昭和 22）に日本レクリエーション協議会が設立された。現在では財団法人レクリエーション協会となり、その中心的な事業として、市民に対するレクリエーション活動の提供やレクリエーション指導者の養成、高齢者や障害者のレクリエーション活動、生涯学習活動等に積極的に取り組んでいる。これらの取り組みにより、“レクリエーション”という言葉やその言葉が持つイメージは、多くの人に浸透してきた。

(2) 楽しく、元気になる活動

現在の日本のレクリエーションの考え方は、1975年（昭和50）経済企画庁レクリエーション委員会の規定にあり、これに基づいてレクリエーション要素を挙げるとレクリエーション像は次のようになる。（ｉ）遊びを基盤としている、（ii）余暇時間を中心とするが、生活全体の中に存在する、（iii）自ら進んでその活動や行為を行っている、（iv）楽しさ、生きる喜びといった肯定的感情を伴っている、⑤人々の健康と幸福な人生の実現に貢献する、である。これらのように、遊び、生活、自発性、楽しい感情、健康と幸福の要素から、レクリエーションのイメージを明確に描くことができる。レクリエーション（遊び）は、その参加により楽しい時間を過ごし、リフレッシュして元気になれる活動といえる。そして、レクリエーションは、それぞれの生活の中に在り、特別な活動ではなくなってきた。

2　生活の場におけるレクリエーション

(1) 生活の場とは

生活の場には、「基礎生活の場」と「社会生活の場」、「余暇生活の場」があるが、これらの場におけるレクリエーションには、どのようなものがあるだろうか。

まず、「基礎生活の場」について考えてみたい。これは、食事や入浴、睡眠などを指すが、このような生活行為の中にもレクリエーションはある。例えば、誕生日会や結婚記念日など家族内のイベントや、正月やお盆などの年中行事がこれに該当する。誕生日会は、いつも以上に腕をふるった料理が食卓に並び、ケーキやプレゼントが用意され、家族がワクワク、ドキドキしながらそのひと時を共有するものである。このように、いつもの場（日常）に、いつもと異なる場の過ごし方（レクリエーション）を取り入れることで、家族間にコミュニケーションが生まれる。基礎生活の場におけるレクリエーションは身近な人々との絆をより深めることに貢献する活動である。

次に、「社会生活の場」について考えてみたい。これは、学校や職場、地域社会などを指す。職場では、職員旅行や忘年会、スポーツ大会などが行われているところもあり、これらのイベントそのものがレクリエーション化されていることが多くみられる。このようなイベントに、職場の同僚や上司らと参加することで､通勤や仕事によるストレスなどを解消したり、コミュニケーション促進の良い機会が得られ､職場内の業務が円滑に進む。これは、地域社会でも同様で、自治会や子ども会などが企画した行事や神祭事などに参加することで､地域社会の人々と交流が生まれる。最近では、核家族化や高齢化により行事の規模が縮小されたり、近隣関係の煩わしさから参加しない人も多いといわれている。今後も、社会生活の場におけるレクリエーションは、時代に合わせて形態が変わっていくと思われるが、学校や職場、地域社会における人々の交流は何らかの形で残されていくことを期待している。

最後に、「余暇生活の場」について考えたい。余暇とは、休日や休憩時間など自分が自由に使える時間をいう。近年、休日の増加により、余暇時間も増加している。余暇時間の増加により、家族や友人と旅行や買い物に出かけたり、あるいは自分の趣味や生涯学習などの活動に費やすなど、リフレッシュのための時間を得やすくなった。リフレッシュすることで、次の活動や明日の仕事への活力となり、良い循環につながるのである。

これらの場では、それぞれ非日常の“遊び”としてのレクリエーションが行われており、コミュニケーションや他者との交流の促進やリフレッシュの効果を生み出している。

(2) 楽しさを通した高齢者の生きがい

健康な成人の一般的な余暇時間は１日に５時間、高齢期になると９時間に増加するといわれている（社会生活基本調査, 2001）。これは、高齢期になると退職等に伴い就労しない人が増え、就労に費やしていた時間がある程度､自由に使えるようになることが影響していると思われる。さらに、後期高齢者では余暇時間がさらに増加しており､身体機能の低下等により、家庭内の役割が減少することも影響していると考えられる。しかし、実際には、元気な高齢者も多く、地域で老人クラブや婦人会活動などに積極的に参加している姿もよく見られる。

高齢社会となった日本では、近年、高齢期にある人々の余暇時間を有意義に過ごすための活動が注目され、さまざまな地域で多岐にわたって取り組まれている。特に、高齢者の持つ経験や知恵、技を活かして社会貢献をするような活動が盛んに行われている。例えば、小学生を対象として地域の高齢者が昔遊びを伝承する教室や、独居高齢者のために主婦として培った経験を活かして配食サービスを行う事業、放課後の児童見守り活動などがある。これらの活動で高齢者は、自らの持つ経験や知恵、技を他者に伝え、活かす中で、持てる能力をあらためて認識し、自信につなげることができる。また、この経験が楽しみや生きがいとなり、明日への活力となっているといえる。一方で、その経験や知恵、技を受け取った相手にとっても恩恵が得られるものであり、相互にとって良い効果が期待できる活動である。ただし、そのような場がなければ、高齢者の持つ経験や知恵、技を活かすことはできない。相互に良い効果が期待できることを理解して、楽しさを通した高齢者の生きがい創出活動は、今後もより広く深く取り組まれていくだろう。

(3) 介護施設におけるレクリエーション

病気や障害により、介護が必要な状態となった人で、さらに自宅での生活が困難な人は、介護施設等を利用している。このような人々は、心身機能の低下により日常生活行動に制約が生じ、健常な人に比べて、余暇を楽しむことは難しくなる。病気や障害を負う前には当たり前にできていたことが、出来なくなってしまうことの喪失感は大きく、このことが心身の健康に悪影響を及ぼすこともある。そこで、介護施設では、入居したり、通っている人々に対して、心身の健康を回復させたり、有意義な余暇を過ごしてもらうための活動としてレクリエーションを提供している。

介護施設におけるレクリエーションは、余暇時間を利用して、生活の活性化や心身機能の維持・向上を目的として行われることが多くみられる。

例えば、朝のラジオ体操では、体の目覚めを促がすことで食欲増進につながり、また体を動かすことにより爽快感を得ることもできる。手芸やクラフト等の作品づくりであれば、指先を動かすことによる手指機能の維持や改善につながるだけでなく、作品ができたことの喜びを感じることもできる。さらに、その作品を他者に認めてもらうことで、自信にもつながり、次への創作意欲につながっていく。その他、カラオケなどの歌活動、ゲームなども同様の効果が得られるといわれている。

レクリエーション活動に参加することは、その場で楽しみを得るだけでなく、その楽しみから生じた自信や喜びが、日常生活に良い影響を及ぼす可能性がある。このように、レクリエーションを日々の生活に取り入れることで、介護が必要となっても生きがいの創出は可能となる。また、日々のレクリエーション活動だけでなく、年中行事等のイベントも介護施設ではしばしば行われている。これは介護が必要となる前からの生活の継続性を大切にした取り組みでもあり、介護スタッフは、年中行事等に関する知識を得て、それを活かしながら会を開催していることも多い。

このようなことからも、介護が必要となった人々に、充実した余暇を提供できるスキルが介護スタッフに求められている。

〈事例〉鬼になった寮母さん

（特別養護老人ホーム勤務　介護福祉士　富永愛子）

「鬼の格好をすればええが！」

この一言で私のレクリエーションははじまりました。

私の職場では､2-3カ月ごとに“室内ゲーム”と名付けられたレクリエーションの時間が設けられており、その月のゲーム担当の職員が内容を考えて進行をします。私は２月の室内ゲーム担当となり、どのような内容にするかを悩んでいると、先輩から冒頭の言葉をかけられたのです。

ゲーム内容は簡単で、ゲーム担当の私が鬼になり、大きなカゴを持って利用者さんの近くを移動していき、そのあいだに利用者さんに玉を入れてもらうというものになりました。ゲームそのものは単純なもので、勝敗を競うものなのである程度盛り上がるだろうとは思いましたが、問題は鬼の仮装をするという点でした。人前に出て何かをするのが苦手な私は、仮装してレクリエーションをしたことはなく、大変恥ずかしい気持ちでいっぱいでした。

不安を抱えたままついに当日を迎え、鏡の前には紫色のもじゃもじゃしたカツラ、黄色いパンツ、手作りの金棒を持った鬼に変身。鏡に映る自身の姿を見て、「やるからには利用者さんに思いっきり楽しんでもらおう！」という気持ちになりました。そしていよいよ利用者さんの前に出ると、皆さん表情がパッと明るくなり、手を叩いて大笑い！！「あの寮母さんじゃが」、「よう似おうとる」などの声があちこちから聞こえてきました。

ゲームは大盛況で、皆さんはカゴをめがけて一生懸命に玉を投げ入れていました。立位が不安定な方も椅子から立ち上がって入れようとされたり、手が悪い方もなんとか玉を入れようと一生懸命投げられておられ、何とか最後まで進行することができました。

その翌日、私が夕食の下膳をしていると１人の利用者さんが私の服の裾を引っ張ってきました。「あんたが鬼になった寮母さん？とってもかわいかったよ。」と、そっと耳打ちしてくださいました。

今回、このゲームを通して、利用者さんに楽しんでもらおうという気持ちがあれば、それは必ず相手に伝わるのだと感じました。この気持ちを大切にして、今後もレクリエーションに取り組みたいと思っています。

3　レクリエーション援助の実際

(1)　援助者に求められること

財団法人日本レクリエーション協会では、「レクリエーション指導とは、人間の基本的欲求であるレクリエーションをすべての人々が楽しめるように、レクリエーションの自立を支援し、レクリエーションのための環境整備を進める総合的な援助活動である」と整理している。レクリエーション援助にあたり、介護スタッフは、レクリエーションを可能にする環境を整えて、レクリエーションを楽しもうとする人々（要介護者等）とレクリエーションを生み出すさまざまな文化財（レクリエーション財）とのあいだに立って、両者を結び付ける役割を担う。援助者は、レクリエーションを楽しもうとする人々が主体であることを認識しておくことと、レクリエーション財の提供や援助を適切に行うことが求められる。そのためには、日々の介護を通したかかわりの中で主体である要介護者等が欲することや心身の状態などの情報収集を行うことが大切である。介護に携わるスタッフ全員で情報収集及び共有して、より正確な情報を得て、アセスメントし、レクリエーション主体にとって最適なレクリエーション・プログラムの提供ができるよう努めていくことが求められる。また、スタッフ個々人が、さまざまなレクリエーション財に関する知識や技術を高めておくことが必要である。なぜならば、レクリエーション財に関する知識や技術を多く持っているほど、レクリエーション主体の要望に応える可能性が高まるからである。介護が必要となった人々は、レクリエーションの主体としての要望をうまく表出できないこともある。特に、遠慮がちな性格の人やコミュニケーション障害がある人、寝たきりの人などは、より注意深く心の声に耳を傾け、レクリエーションに関するニーズを把握することに努めなければならない。

このように、レクリエーション援助者である介護スタッフの日々の努力や細やかな配慮により、介護を必要とする人々は、諸活動や仲間、社会とのつながりを持ち、“楽しみ”や“喜び”を得ることにつながっているといえる。

(2) プログラム

レクリエーションの実施にあたり、プログラム（計画）を立案することは重要である。これは、レクリエーション活動の目的や得たい効果を明確にし、それを参加者の心身状態やニーズと合致するかを確認するためである。また、立案した介護スタッフだけでなく、そこに参加する他のスタッフとの情報共有を行ったり、次により良い活動につなげるための実施後の評価を行うためにも立案することが望ましいといえる。プログラムで検討したい事項は、レクリエーションのテーマ、目的、日時、参加者、具体的な進め方、評価などである。他のスタッフと情報共有するためにも、簡潔にわかりやすく書くことがポイントである。

レクリエーション・プログラムを立案するにあたり、大切な要素に“規模”と“期間”がある。

規模とは、個別から集団の人数の多さの違いを意味するが、それぞれに目的が異なるので、適切な規模を検討することは重要である。個別的なレクリエーションの実施は、レクリエーション活動を通して心身機能の向上を確認して治療的効果をみる場合や、集団が苦手な人への活動性向上を目的とした場合などに選択する。一方､集団的なレクリエーションの実施は､他者とのコミュニケーション促進や役割の獲得などを目的とする場合が挙げられる｡集団も大集団から小集団と､活動目的や実施する作業内容によって適切な人数やメンバーで構成することが重要である。例えば、読書会や生け花、お菓子作りであれば、小集団で行うことで互いの感想を述べるなどの意見交換が行いやすく、感情の交流も図りやすくなる。また、ゲームは、競争意識や連帯感を高めて心身機能向上の効果を得たいので、参加人数がある程度多い方がよいと思われる。いずれにしても、介護スタッフはレクリエーションに期待したい効果や、参加者のニーズを把握して、プログラム立案の段階で検討し、適切な規模で実施することが重要である。

次に、“期間”について考える。レクリエーション・プログラムは、一回ごとに楽しむ活動ばかりでなく、複数回に分けて実施する活動もあり、目的に合わせて期間を設定する。例えば､ゲームやカラオケ､書道などは､継続して取り組むこともできるが、1回ごとに楽しみが完結する活動でもある。一方で、年中行事などの会の開催に向けて、会場を彩る飾りを準備したり、演劇や歌などの演し物を練習するなど、当日までに何日もかけて準備としてのレクリエーションを実施することもある。いずれにしても何のためにレクリエーション活動を行うのか、より効果の高い活動につなげるためにはどうしたらよいかをプログラムの立案段階でよく検討しなければならないといえる。

レクリエーション計画書

テーマ	縁日屋台　～寄ってらっしゃい、見てらっしゃい！～
目　的	祭りの雰囲気を味わいながら、心身の活性化を図る
実施日時	10月15日（月）　14時00分　～　15時45分
担　当	司会・富くじ担当：斎藤 紙芝居担当：西堀　　輪投げ担当：足立 屋台担当：山口、三上　　お囃子担当：内田 移動介助担当：香川、高宮ほか
準備物品	事前準備枠に書いたもの以外で必要な物品 　マイク、うちわ、メガホン、飾り付け素材

【事前準備】

1．各担当の事前準備

【全体】

・司会は、各担当の内容を把握し、司会進行案を作成する

・会場の配置決めと看板等を作成する　　・縁日風のBGMを準備する

・整理券（駄菓子又はたいやき、飲み物、輪投げを各１枚）の作成

【紙芝居】

・紙芝居を作成する　・紙芝居舞台枠と拍子木をレンタルする（あるいは作成する）

・法被とハチマキを準備する　　・水あめを栄養課に依頼する（割り箸は購入する）

【輪投げ】

・輪投げ台と輪の数量をチェックしておく　　・点数表を作成する

・ルール作り　　・景品を準備する　　・法被とハチマキを準備する

【屋台担当】

・お菓子問屋で駄菓子等を購入する　　・たい焼きは栄養課に依頼する

・駄菓子、たいやき、飲み物販売用の机　　・法被とハチマキを準備する

【富くじ】

・富くじのルールと参加者の範囲を検討する　　・富くじ券の作成

・景品を準備する

【お囃子】

・A短期大学お囃子サークルに依頼し、調整する

2．担当者会議

9月 24日（月）15：30～

10月　5日（金）16：30～

10月 19日（金）15：30～

【当日のスケジュール】

時間	司会進行	サブ担当者の動き
13：45	・参加者に声かけをして、ホールに誘導する ・ホールでは、お囃子が見えるように座っていただく ・到着した人から整理券と富くじを配布する。整理券は、1人あたり駄菓子又はたいやきの券1枚、飲み物券1枚、輪投げ券1枚を配布する	・移動介助担当を中心に誘導する ・整理券と富くじの配布を手伝う
14：00	村岡施設長から開会の挨拶 プログラムの説明をする：担当（斎藤） 1. A短期大学お囃子サークルの演奏 2. 縁日屋台 3. 富くじ 4. ほっこりタイム（お茶）	・利用者対応
14：10	お囃子演奏：担当（村上） ・村上が学生を舞台に誘導する ・お囃子サークルの紹介をする ・楽曲の説明を学生リーダーが行う（マイクを渡す） ・演奏が終わったら、村上がお礼を述べる ・学生を控室に誘導し、その後ホールに連れてくる	・利用者対応
14：30	縁日屋台：担当（西堀、足立、山口、三上） ・斎藤から縁日屋台の紹介をする ・紹介が終わったら、BGMをかける ・屋台等の担当者は、掛け声をする（紙芝居、輪投げ、出店）	・利用者の希望を聞きながら誘導する（学生も誘導手伝う） ・利用者が多くの屋台等に参加できるよう配慮する

時間	司会進行	サブ担当者の動き
15：00	富くじ ・利用者をテーブルに誘導する ・BGM は音量を下げる ・屋台等は終了して、担当者が片づけをする ・全員が着席できたら、斎藤が富くじの説明をする ・学生も参加し、利用者のあいだに入ってもらう ・富くじの当たりが５人出たら終了する	・利用者対応 ・後でトラブルにならないよう、当たりのチェックを学生と一緒に行う
15：20	ほっこりタイム ・斎藤がほっこりタイムについて説明する ・他のスタッフは、利用者にお茶を配る。学生にも手伝ってもらう ・利用者とＡ短期大学の学生、スタッフとでお茶を飲みながら、会話を楽しむ	
15：40	閉会の挨拶 利用者代表として大橋さんに挨拶をお願いする	・大橋さんを舞台前に誘導する
15：45	終了	

（※計画書中の個人名は全て仮名）

【会場設定・利用者配置】

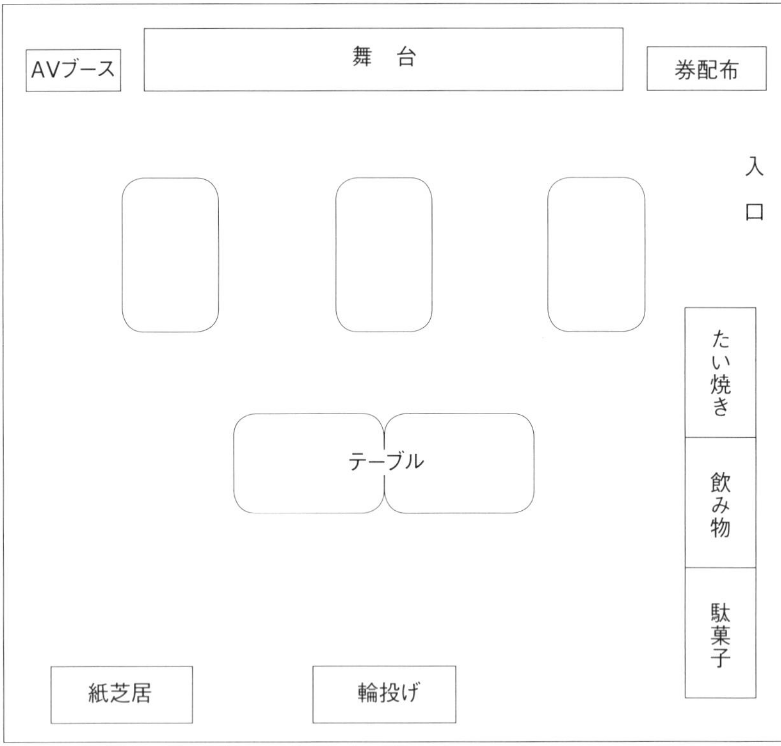

【評価】 10 月 19 日評価実施

・大変盛り上がり、進行も予定通りであった
・労力を少なくするためにテーブルを最初から最後まで置いていたが、屋台等の前に人が集まると通りにくかった。富くじ又はほっこりタイムまではテーブルを避けておいてもよかった
・マイクの不具合があった。事前に確認しておくべきだった
・何人かの利用者から、たい焼きも駄菓子も食べたかったという声があった。治療食でない利用者については制限を設けなくてもよかったかもしれない
・A 短期大学の学生がよく手伝ってくれた。飛び入りで屋台も手伝ってもらったが、利用者から好評であった。来年も依頼をしたい

[参考文献]

アクティビティ・サービス研究協議会（2004）アクティビティ・サービス総論――福祉におけるレクリエーションの前進．中央法規出版．

千葉和夫（2003）最新介護福祉全書７巻 レクリエーション援助．メヂカルフレンド社．

（財）日本レクリエーション協会（2010）福祉レクリエーションシリーズ１ 福祉レクリエーション総論．中央法規出版．

（財）日本レクリエーション協会（2007）福祉レクリエーションシリーズ２福祉レクリエーション総論．中央法規出版．

第7章 高齢者と音そして音楽

私たちにとって生活の中で音を聞くということは、あまりにも日常的な行為である。そのため、日々の生活における音の意味など深く考えることはない。目は、見たくないものは目を閉じるというように自分の意志で自由にできる。しかし、耳は、聞きたくないものに耳を塞いでも完全に遮断することは難しく、自分の意思による調節がむずかしい。

人は物理的には受胎後数週間目から音に反応し、死の直前まで音は聞こえているといわれているように、聴覚は私たちにとって最も長くつき合う感覚器官といえる。人は生まれると同時に覚醒しているあいだはいや応なしに音が入ってくる。そしてこのように毎日聞き続けた音は、私たちの心の中に蓄積され加工されていくのである。

1　音とのつき合い

(1) 音を聞く

では、音はどのように聞かれているのだろうか。もちろん音は耳という感覚器官から聞こえているが、人間は耳だけで聞いているのではなく、実は五感すべてで聞いている。例えば、水の流れる音だけを聞いた時は、トイレの水音にも、台所の水道の音にも聞こえ、とくに何も感じることはない。しかし、木葉の生い茂る山で青々とした葉を見ながら、そのあいだから射す木漏れ日をうけ、鳥の声を聞き、吹く風を肌に感じ、山の匂いと熱さと湿気を感じながら聞く「水の音」は、涼しく清涼感あふれるさわやかな音として聞こえるのではないだろうか。このように、程度の差はあるものの音は聴覚だけではなく、視覚、触覚、嗅覚、味覚というすべての感覚を使って聞かれている。そして､それらとともに記憶されていくのである。

人は誰でも、ある瞬間何かの音を聞いた時ふと懐かしく感じたり、楽しく感じたりすることがある。また、季節の変わり目のある日、枯れ葉が風に吹かれて舞う音に「ああ、秋だ」と感じ、うぐいすの鳴き声に「ああ、春が来た」と感じることがある。私たちは、川の流れる音や風の吹く音、そして鳥の鳴き声など自然界にあるさまざまな音を聞いて季節の変化を敏感に感じてきた。これは、それらの音と季節が結びついて記憶された結果なのである。

また、生活のなかには自然界の音以外にも、電車の音、自動車の音、工場のサイレン、学校のチャイム、人の歩く音、人の声、音楽、犬の鳴き声などさまざまな音が存在している。これらの音を聞いて朝起きる人、出勤する人、昼食を食べるなどというように、何かの音が時計の役目を果たしていたりすることもある。これは、その音を聞くという長い経験の中で、その音と時間が一致しその人にとってのシグナルとなり身についた結果なのだ。

このように音は、生活に密着しているが、日常生活の中で音を聞くということを意識することはあまりない｡生活環境のなかにある音を考えた時、何の変哲もなく聞こえている音は、ほとんど意識されていない。聞いていないのではないが、聞いているという意識もないのである。先ほどの例のように、時計代わりになっている音があるということは、無意識に聞いている証拠といえよう。

しかし、普段無意識で聞いている音も、その音に変化があった時は敏感に反応する。例えば、毎日聞いている川の音は、いつもと同じであればそこに川が流れていることさえも意識されずに聞き流されているが、大雨で川が増水したとか、日照りが続いて渇水で水が減った時などは敏感に反応するのである。

また、家の前を川が流れているという環境に長年暮らしている人が、旅行などで他所に出かけたとき､「川の音がないとさみしくて寝られない」という。これは、川の流れる音は日常生活の中で当たり前にある音となっているため、普段は意識されていないのだが、川の音のしない場所に行った時には、さみしいと感じるのである。ある学生が大学に進学したことで家を離れ、新しい土地で一人暮らしを始めた。その学生は、新しい土地に来て何か落ち着かない日々を過ごし、日々の暮らしに違和感を覚えていた。その原因がわからないまま生活していたある日、それが海の音が聞こえないことによるものであったことに気づいたのだ。その学生は、島の出身者で地元にいた時は、毎日海の音を聞きながら自転車で通学していたという。このように普段われわれは、日々の暮らしを通して意識しない音を持っているのだ。

この学生は海の音を思い出すことで、通学路の風景や海の風、また青い空や海の色そして潮の香りもすべて一緒に思い出すことになったのだ。そしてそこから、家族のこと友達のことなどさまざまな事象が蘇ってきたのである。

このように、私たちは、日常生活にある音に対して、聞いているという意識をもってはいないが、その音に変化が生じた時に、はじめて音を聞いていたことを意識するのである。それは、いつもではない音の環境変化に違和感を覚えるからである。私たちは、いつもの音がいつものようにあることに安心感を覚えているのかもしれない。

音というのは、聴こうと意識しなければ聞こえないものでもある。私たちの周りにある音の存在を意識すること、また自分がどのような音を聞いているのかを自覚することは、時に非常に重要なことではないかと考える。

筆者は、毎年授業で「音を聴く」という体験を学生達にさせている。この授業では、キャンパス内の好きな場所を選んで、そこで20分間、ひたすら音だけを聞き取ってもらう。「聴こえた音」のすべてをレポート用紙に書き上げてもらい、感想を書かせるというものだ。たくさんの音を聞く学生もいれば、数個しか聞いていない学生もいる。また外部の音にこだわって聞いている学生や自らが発している身体内部の音にまで気づく学生など、さまざまな音の聴き方をしていることがわかる。

学生の音を聞く体験からの感想の一部であるが紹介する。

①友人と同じ場所で音を聞いていたのに、聞いた音に違いがあった。

②普段は思わないが、じっと音を聞いていると蟻の歩く音までも聞こ

えてきそうである。

③風の音も同一ではなく、いろいろな音があるように感じる。

④目で感じている音があることに気がついた。

⑤車の音は音量が小さくても、嫌な音だと感じる。また鳥の声などは、音量は小さくてもとても大きい音に聞こえてくる。

これらは、ほんの一部である。この経験から学生たちは、私たちの回りにはたくさんの音が存在しているということを自覚し、私たちがいかに無意識に音を聞いているかに気づき、さらに「何の音を聞いたか」ということは人それぞれに違っていることを知る。そして「音を聞く」という行為は非常に個性的な行為だということを理解することになるのである。つまり、音を聞くという行為は、人間がみな顔や性格が違うのと同じように非常に個性的なのだ。とかく、私たちは、聞いている音や見ているものに対して、他人も自分と同じように見たり聞いたりしていると錯覚している。しかし、風景にしても音にしても他人がどう見ているのかはわからないものである。まったく同じように見たり聞いたりしているのではないのだ。

人は、同じ空間にいても聞いている音、聞いていない音など、人それぞれ捉える音はさまざまなのである。また、同じ音に対して「いい音」と感じる人、「うるさい」と感じる人、「嫌な音」だと感じる人など、音に対する感じ方もさまざまである。

この違いは、その人の生活経験や環境、その音とどのように出会ったのか、その人にとってどのような意味を持つ音なのかによって違ってくる。

「音を聞く」という体験の目的は、まずは自分がどのような音を捉え、それをどう感じているのかを知ることである。そして、それは自分の聞く世界を知ると同時に自分自身を知ることになるのである。音の聞き方や感じ方は、人それぞれで違うことが分かっていれば、音環境への配慮が可能になるのではないだろうか。

介護福祉士として、自分の働く高齢者施設の環境を考えるときも同じように、音の環境に目を向けることができる。そして、職場として通ってくる職員と、生活の場としてそこで暮らしている利用者とでは、音の聞き方はおのずと違っていることがわかる。ケアの一環として、この音の環境は、そこで暮らしている高齢者にとってどうなのか、と考えることは大切なことではないだろうか。

(2) 高齢者施設の音の環境

ある介護福祉士の話してくれたエピソードである。

夜になっても眠らないＡさんがいた。照明を工夫しても、雑音が聞こえないよう工夫しても一向に眠ってくれなかったある日、昼間の居室の音を録音しておいて、夜になってその録音した音を部屋に流したところ、Ａさんは眠ってくれた。眠れないときは暗くして静かにすればよいという一般的な考えからは逆転の発想である。おそらくＡさんは、音がなく暗い静かな部屋に１人でいることが不安だったのではないだろうか。このエピソードの意味するものは、音に対する既成概念への警告だといえる。

快適な音環境を考える場合、一般的には静かな環境、騒音のない環境が良いと考えられる。しかし、快適な心地よい音環境とは、決してそうではない。音環境に限った事ではないかもしれないが、よくいわれるようにそれまで過ごしてきた環境に近いものが一番心地よいのだ。川の音をずっと聞きながら暮らしていた人はその音がないとさみしいと感じるし、逆に川が近くになかった人は、川の音はうるさくてしかたない、ということになるのだ。都会で暮らしている人が田舎に泊まると、静かすぎて落ち着かないとか、眠れないというのはよく聞く話である。なるべく、今まで暮らしていた環境と変わらないことが、快適な環境ということになる。

快適な音環境は、それぞれの利用者が暮らしてきた環境や、生活してきた環境が影響してくるものであり、ここに基準の原点があるといえる。

では、高齢者施設における音環境とはどのようなものだろうか。筆者は実習に出た学生に対して実習施設の音について調査をした（吉村，2010）[1)]。

高齢者施設には、実にさまざまな音があるが、最も多いのはドアの開閉の音やナースコールの音、配膳車の音やおむつの台車の音またエレベータの音などという施設設備の音や機械の音であった。また、常時ついているテレビの音や施設内のBGMなども多くあった。

少なかった音は鳥の鳴き声や風の音などの自然の音や生き物の声など

だった。施設では在宅での生活のなかには当然ある音が少なく、それまでの生活にはなかった設備や機械の音という無機質な感じを与える音が多い環境といえる。それ以外にも、忙しそうな職員の足音や声など、必要不可欠な音ではあるが、利用者にとっては落ち着かない不快な感じのする音も多く存在しているようだ。

東らの研究（東・井上，2006）[2]によると、在宅と施設での音の環境を比較した結果、在宅生活では、自然の音を耳にする機会が多く音の種類も豊富であり、人工音についても、テレビの音といっても自分で選んだ音であり、強制される音は少ないとしている。そして、施設では在宅と比べてコミュニケーションが関わる音やBGMやテレビなど他者に合わせた音が多く、人工的な音や強制的な音が多いという結果が示されている。

高齢者施設での音環境を考えるとき、このような音環境に置かれるのは、ある意味仕方のないことである。介護行為に関わる音で、不快な音ではあるが、なくすことのできない音や命に関わる重要な音もたくさんある。この環境の中で、いかに在宅生活に近い音環境を提供できるかを考える時、すべてを充たすことはもちろんできないが、一部分でも取り入れることができれば、施設で暮らしている高齢者にとってはうれしいことではないだろうか。

私たちの生活には、朝には朝の音、昼には昼の音、夜には夜の音という生活の音があり、さらに春には春の音、夏には夏の音というように四季折々の音がある。私たちは、毎朝目覚めとともにさわやかな日差しを受け外の空気や風を感じ、自然の音を聞くことで一日の始まりを感じる。特に高齢者の人たちは、若いころから朝起きると外に出て、空を見上げ雲を見て風の音を聞いて空気を肌で感じることで、その日一日の天候を予測し、その日の仕事の段取りをする、あるいは予定を組むなどして暮らしてきた。日々の自然の音や暮らしの音は、生活と密接で重要な情報源だったと考えてよい。しかし、施設に入所するとこれらの音を聞くことは少なくなる。施設では、安全性や空調の関係などから、居室の窓を開けることはほとんどなく、外部の音を聞くことは限りなく少ない状況にある。

これらをふまえて、朝、居室を訪問したとき、「おはようございます」の声とともに窓を開け、外部の音と空気を取り入れることは大切な配慮ではないだろうか。そこから聞こえる鳥の声や風の音や車の音などを聞き、冬の冷たい空気や夏の蒸し暑い空気に触れることで季節を感じる。これは、生活をしている実感を味わうとともに、生きていることをも実感することになる。一日の中で、ほんの少し外部の音を取り込んでみてはどうだろう。それだけで、利用者の方は、一日気持ち良く過ごせるのではないだろうか。

2　人生を背負った音

(1)　音の風景（サウンドスケープ）について

「サウンドスケープ（soundscape）」とは、われわれを取り巻く様々な音の環境を一つの「風景」としてとらえる考え方で、カナダの作曲家マリー・シェーファーが1970年代に提唱した概念である（鳥越，1989）[3)]。

この「サウンドスケープ」という語は、風景や景観という意味を持つ「ランドスケープ（landoscape）」からつくられた造語で、「耳でとらえた風景」すなわち「音の風景」「音の環境」を表す言葉である。

従来の「音楽」と「騒音」という分け方ではとらえることのできない様々な音を取り上げる包括的な枠組みである。「個人、あるいは特定の社会がどのように知覚し、理解しているかに強調点の置かれた音の環境」として、1977年に定義された。

これは、視覚の陰にあって日常では無意識化しがちな私たちの環境への「聴覚的思考」を喚起するためのものであり、これまで目だけで捉えがちだった環境を耳でも捉えてみようというものである。そして、われわれの五感を通して、全身の感覚を通じて環境を捉えることによって、さらに同じ音でも、その人その人にとっての意味合いは異なり、独自の意味を持つという考え方である。

地球規模の自然界の音から、都市のざわめき、人工の音、記憶やイメージの音まで、われわれを取り巻くありとあらゆる音を一つの「風景」として捉えるという考え方である。音を個々に切り取って捉えるのではなく、音環境全体の中で、視覚も含めたトータルな意味での風景として把握しようとするものなのだ。

(2) 音の記憶

音は何十年という時間を超越して人間の心の中にとどまっている。音は単に音だけが記憶されているわけではく、音の風景として記憶されるといってもよい。

これは、筆者が14年前に行った調査（吉村・村中，2005）[4)]だが、「懐かしい音は何ですか？」という質問に対して「水車の音」と答えた人がいた。彼の記述によれば、「コットンコットン」という田圃の中にある水車の回る音が懐かしいというのだ。水車の音とともに、広がる田園風景、田圃にひいてある小川の流れ、そしてそこにある小さな水車が記憶されているのだ。現在は、立派な観光用の水車はあるものの、昔の本来の農業用の水車は見ることはなくなった。しかし、「水車の音」を思い出すとき、彼の耳は、今は存在していない数十年前に聞いた田圃の中にある「水車の音」を聞いているのだ。そして、懐かしい風景や思い出とともに水車の音は、彼の中に生き続けているのである。

また、同じ質問に対して70代の男性が「母の下駄の音」と答えていた。これも記述によれば自分が幼少時に、母の帰りを待っている時に聞いた「下駄の音」だという。70歳を超えた今も、彼の耳には、その時聞いた母親の下駄の音が鮮明に残っているのだ。母を思う時、彼は、何十年も前の下駄の音を鮮明に思い出し聞いているのである。

これらの音の記憶は、ある音からさらに、そこに広がるサウンドスケープを捉えたもので、その音には周囲の風景や人々、また生活や時代、そして当時の思いや気持ちなどが一緒に記憶されている。そして、今現在、ふとその音（当時のままの音ではないが）を耳にした瞬間、当時のままの音が蘇り、母への思いや懐かしい風景などが思い起こされるのである。

次に挙げるのは、ある沖縄の女性の話だ（平松，1997）[5)]。

彼女は、昭和初期に沖縄に生まれ、結婚後の1929年、当時日本の信託統治領だった南洋群島のひとつサイパン島に出稼ぎに行った。蓄えもできたので帰郷しようと思っていた矢先に米軍がサイパンを攻撃し、戦闘に巻き込まれた。爆撃を受け、九死に一生を得たが他人の血を頭から3回かぶったといいう。収容所生活を経て、戦後帰郷してみると、自分らの土地が米軍に接収されていた。10年ほどして一部返還されたもののまだ嘉手納基地内に土地があった。先祖の墓もブルドーザーで破壊されてしまった。彼女は、91歳で亡くなるまで、嘉手納基地に隣接する土地を耕作して暮らしていた。

そこの騒音は筆舌に尽くしがたいものであった。ところが彼女の訴えは、騒音のうるささもさることながら、それ以上に爆音によって戦争と砲弾の下を逃げ回った過去を思い出すこと、この飛行機が戦争をするためのものであること、音を聞くたびにまた戦争に巻き込まれるのではないかという不安だった。彼女は、戦闘機の音を聞くたびに、何十年経っても戦争を思い出し、死の恐怖を感じていたのだ。

音の記憶は、時を超越しており、いつまでも記憶の中で生き続けて聞こえているのである。

3　高齢者とサウンドスケープの治療的意味

私たちは、音とともに生きているといってよい。音は、時には人を傷つけることもあるが、また音によって癒されること、励まされ勇気づけられることもある。

ここに音の風景（サウンドスケープ）をリハビリに使った例を紹介する。

長崎県にある島原温泉病院で理学療法士をしている内川氏は、リハビリを行ううえで大切なことは、患者自身の「治したい」という積極的な回復意欲だという。この気持ちがなければ、厳しいリハビリを続けることは辛いだけで継続することが困難である。そこで、彼は患者に回復意欲を起こさせるためには、その人の生活史や記憶に注目することが重要であるという確信から、患者の過去の体験談を聞き、回想をするであろう音の風景を選んで聞かせた（平松，1997）[5]。

脳出血により右片麻痺をみた62歳の男性。この人には、生活体験として特別なものはなく、ただ農業と林業を一生懸命にやっていた。発病後、不自由になった手足を見つめては、ため息をつく毎日で訓練の効果もなく、歩行はおろか立位保持もとれなかった。この患者さんに対して内川は、「田起こし」「刈干し切り」「杉の伐採」の音風景を聴かせながらリハビリ指導をした。その夜、患者さんは興奮して一睡もできなかった、という。体を動かしたくてたまらなくなったのだ。リハビリを試みると、前日とはうってかわって、歩行できるようになったのである。

このように、昔の音風景を年月を超えて訪問することで、かつて生きた風景を再生し、生活を思い出し、その時の活気や生き生きしていた自分を思い出すことで、今を生きる力となることがある。

音風景は懐かしく音を思い出すことにより、当時の気持ちまでも思い出されるのだ。それにより、生きる気力を取り戻し、病に立ち向かう力をくれる。こうした事例は、生きていく中で体験する音が、私たちにとっていかに重要な意味を持つかを示すものであり、さらには精神的な治療的意味をも持つことを示してくれているといえるだろう。

4　音楽の持つ治療的意味

音楽を使用した療法的活動として療法的音楽活動がある。音楽が、高齢者にとって身体的、社会的、情緒的な不快からの解消に役立ったとき、そして高齢者自身の能力の機能を援助できたとき、それは療法的だったといえる（クレア，2001）[6)]。そこで「身体機能の維持・改善」「残存機能の回復」「心理的効果」「心身の活性化」などを目的として、音楽の持つ効果や機能の知識を基礎に音楽活動を行うものを療法的音楽活動という。

まず、「身体的影響」「心理的影響」「社会性への影響」の三つの基礎的影響をみてみよう。

(1) 音楽の身体面に及ぼす影響（村井，1995）[7)]

人が音楽に感動するのも、音楽で癒されるのも、落ち込んだ気持ちがすっきりするのも、力がみなぎってくるのも、すべて音楽が体になんらかの影響を及ぼして生理的にプラスの変化を体に引き起こすためだと考えられている。

ジュリエット・アルバンは、音楽に対する身体反応について、「音楽に対するある種の身体反応は、自然発生で統制不能の反射からなっている。われわれは、音楽を聴いている時に、自分で無意識に拍子をとっているのを発見することがあるし、あるいは、促進的な楽節のところで、われわれの呼吸が急速化したのに、突然気づく。これらは不随意的な反応である」（アルバン，1969）[8]と述べている。

脈拍と呼吸について、脈拍は緊張したり興奮したりすると速くなり、反対に落ち着いてくると遅くなる。呼吸も、気分が落ち着いて静かな気持ちのときはゆったりとしているが、驚いたり恐怖を感じた時などは、速くなり不規則になる。これは、だれもが経験したことがあるだろう。これが脈拍と呼吸と感情の関係である。血圧も同様である。

これらの反応は、音楽を聞いた時にも同様の反応をする。音楽を聞いた時の身体反応は、身体の緊張が解け、体表面の毛細血管が拡張して体温が上昇し、緊張度が低下する。音楽は「音楽→身体」という直接的なルートで考えることができる。

また、音楽の中で音の動きが影響する。例えば、音が上昇するときは身体は緊張し、下降するときは緩むのだ。これらは、無意識での反応である。

誰もが、運動会のリレーのときテンポのよい音楽がかかっていると早く走れるような気分になったことがあるのではないだろうか。また、行進のときなどは、マーチがかかっていると自然と足並みが揃い、きれいな行進ができる。これらも音楽が身体に影響を与えていることによるものだ。

(2) 音楽の精神面に及ぼす影響（村井，1995）[9]

音楽は、感情の言語という表現もあるほど、たやすく、そして深く感情に作用し、感情の流れに強い影響を与える。音楽を聞くことで私たちの心のなかにはどのような変化が生じるのだろうか。

①気分の転換

嫌なことがあって落ち込んでいる時やイライラしている時に音楽を聴い

て気分転換をすることやリフレッシュするということは日常でよく経験することだ。一般的には、癒されたいときにはゆったりした音楽、モチベーションをあげたいときにはリズミカルな音楽を聴くことで気分を変えることができる。

②感情の誘発

現在、持っていない感情が音楽によって引き出される現象である。懐かしい曲を聴いた時、突然昔のことが思い出されることがある。それは、童謡だったり歌謡曲だったり様々であるが、その人の思い出の中の事象が、その時たまたま聴いた音の印象から思い出されて、その時のイメージがよみがえってくることがある。「出来事—音印象—感情」はとても強い記憶のループを作っている。何かの曲を聞いた時、まったく忘れていた昔、好きだった人と結びついて、失恋した記憶が蘇ることがある。また、高齢者の場合には、普段はしゃべれない人がこの誘発に伴って、言葉が話されることがよく起こる。感情誘発に伴う血行の改善が一時的に脳の機能を正常化するプロセスが考えられるといわれている。

③発散

内に鬱積していたものが外に出される状態を発散という。とりわけ身体活動を伴うときは極めて効果的だ。食事やウインドーショッピングなども発散になる。

音楽では、歌うこと演奏することなどがある。「カラオケ」などは、これの代表的なものといえる。大音量で歌を歌うことで、自分のこころの中にある怒りやイライラなど鬱積した気持ちをぶつけ、発散できる。また、コンサートや鑑賞などでも「なぞり演奏」をすることで、あたかも自分が演奏しているような気持ちになり、自己表現が可能になる。これ以外にも、さまざまな効果はあるが、主なものを挙げてみた。

(3) 社会性に及ぼす影響

音楽は、ひとりで楽器を演奏したり、CD を聞くこと以外に、集団で演奏したり鑑賞したりする方法もある。

ひとりで歌ったり演奏することでも達成感を得ることはできるが、誰かと一緒に歌ったり演奏することは大きな喜びになる。誰かと一緒に演奏するときは、自分勝手に演奏はできない。相手の音を聞いたり、理解する必要が出てくる。人の演奏の邪魔をしないで、調和を考えながら演奏しなければならなくなる。ここには協調性が求められ、周囲を見ながら自分が何をすべきか考えるという判断力も必要になってくる。そして、集団で上手く演奏できた時には、大きな喜びにつながり、さらに社会性が身につくことになる。音楽活動は、人間の集団意識を育て、また社会性や努力の価値を理解する気持ちを育てる。そして、人間に必要なコミュニケーションがとれるようになるのだ。

5　療法的音楽活動の実際

これらの音楽の持つ作用や影響を十分理解したうえで、実際に療法的音楽活動を行う場合、大事なことは、高齢者の生活背景や生活歴を把握することである。

対象者が、これまでに馴染んできた音や音楽をはじめ、職業、趣味、特技など、その人の過去の生活体験を知ることが必要となる。また、その日その時の気分､状況などの把握も大事だ。音楽は､物事との強い関連をもっていることから、高齢者の記憶を蘇らせ、人生を振り返るための刺激になり、活性化させ心地よくさせる。それが慣れ親しんだものである場合には特に効果的である。

ここで、いくつかの例を紹介してみよう。

認知症で失語症の女性が、療法的音楽活動が終わった後もずっとハミングで何か口ずさんでいたので、一緒にハミングしてみたところ、しばらくして歌詞で歌い始めた。また、男性で、初めは「わしゃ音楽は嫌い」といい、歌も歌わなかったのですが、リズム活動になって、大きな太鼓を持ってもらうと、とてもいいリズムで楽しそうにいきいきと最後まで演奏していた。

また別の男性に、マラカスを渡したところ、最初は恥ずかしがっていたが、次第にノッてきて、「青い山脈」を3番までいいリズム感で演奏した。

これらの人たちの、活動終了後の満面の笑顔や表情は充実感と満足感を反映したものといえるであろう。

高齢者の障害も病歴も症状も、一人ひとりが歩んできた人生やその背景にあった生活や歴史も文化も様々である。また、好きな音楽もそれぞれ違いがある。しかし、日々のケアに音楽活動を取り込むことで、高齢者の人々の生活に潤いを与え、単調になりがちな日々が活性化されていくのではないだろうか。

[引用文献]

1) 吉村淳子（2010）高齢者施設の音環境に関する一考察．新見公立大学紀要第31巻，87-92.

2) 東真梨子・井上美智子（2006）高齢者施設における音環境について．近畿福祉大学紀要 vol.7（1），27-35,

3) 鳥越けい子（1989）サウンドスケープの概念の成り立ちとその意義．音楽学34（3），163-177.

4) 吉村淳子・村中哲夫（2005）音・音楽・文化に関する考察――「阿新の音」の調査から．新見女子短期大学紀要第18巻，55-66.

5) 平松幸三（1997）風景としての音を聴く．現代のエスプリ，95-102.

6) アリシア・アン・クレア（廣川恵理訳）（2001）高齢者のための療法的音楽活用．一麦出版社，16.

7) 村井靖児（1995）音楽療法の基礎．音楽の友社，47.

8) ジュリエット・アルバン（櫻林仁・貫行子訳）音楽療法．音楽の友社，122.

9) 村井靖児（1995）音楽療法の基礎．音楽の友社，50-54.

第8章 生活支援技術

1　住環境の整備の生活支援技術

(1) 居住環境

対象者を取り巻く環境としては、自然や社会なども広義には環境ととらえることができる。ここでは、対象者への環境に対する支援の中から、住環境に視点をおいて望ましい生活の場について述べる。

日本の世帯構成の変化では、昭和35（1960）年、「夫婦と子世帯」43.4％が最も多く、次いで「その他（三世帯同居など）」35.1％であり、最も少なかったのが「単身世帯」4.7％であった。しかし、平成17（2005）年には、「夫婦と子世帯」が29.9％、「その他（三世帯同居など）」が12.7％に減少し、「単身世帯」が29.5％、「夫婦のみ」19.6％に増加している。したがって、「単身世帯」と「夫婦のみ」の世帯で、全体の49.1％を占めていることになる（厚生労働白書　平成23年版）。こうした世帯構成の変化は、高齢者が要支援状態や要介護状態になった場合、家庭外に支援を求めることにつながり、ひいてはどこで暮らすかといった住環境に影響を与える要因にもなりえる。現在の自宅で生活を希望している人では、住宅改修も必要になってくるであろう。また住み替えを希望する人もいるであろう。住み替えについては、介護保険法を例にすると介護老人福祉施設や特定施設入居者生活介護、認知症対応型共同生活介護などが考えられる。いずれにしても、住環境の整備では、対象者が安心して快適に、より自立した生活を営むことができるように支援することが重要になる。

(2) 住環境の整備の実際

①介護職の役割

介護職は、住環境の整備において対象者が安心して快適に、より自立した生活を営むための支援を実施することになる。その役割を大きく二つに分けると、介護職が住環境整備を行う場合と、対象者自らが住環境を整えられるように支援する場合がある。前者の介護職による住環境整備では、建物や福祉用具といったもののみでなく、対象者を取り巻く人間関係や心身の状態にも配慮した支援が求められる。また、後者の対象者による住環境の整備の支援では、掃除機の使い方を説明したり、換気の重要性や注意点を説明したりといった自立支援をサポートする目的も含まれている。

②住環境整備のポイント

住環境のアセスメント

住環境の整備を行うためには、まず利用者個人の疾病や障害・心身の状態・人間関係等を理解し、居室内外でどのように過ごしているのか観察することが大切である。例えば、つたい歩きをする人の場合、どこに手をついているのかを知ることで、手すりの位置について検討することもできる。また、高齢者の場合は、加齢とともに移動の手段が変化することも多いため、将来について考えておく必要もある。さらに、自宅で家族と生活している場合は、家族の生活にも考慮した支援が求められる。

福祉用具の活用と住宅改修

住環境の整備では、利用者の安全や自立の支援に対して福祉用具の活用と住宅改修がある。福祉用具の活用では、介護保険法において大きく貸与と購入の二つがあり、それぞれに厚生労働大臣が定めた品目が決まっている（表1・2)。また、介護保険以外にも市町村による老人日常生活用具給付等による給付と貸与のサービスもあり、地域の特性によって品目に違いがあるので確認が必要であるが、給付品目の例としては電磁調理器・火災警報器・自動消火器など、貸与品目には老人用電話などがある。

介護保険法における居宅の住宅改修は、要支援および要介護者の生活において、不都合な場所を改修することにより、居宅での生活を送りやすくするものである。しかし、福祉用具と同様に改修できる種類（表3）や支給の限度額、申請に必要な書類があるため、まずはケアマネジャーに相談し手順を誤らないようにすることが重要である。そして、対象者のニーズや同居するご家族の生活を重視し、関係機関や専門職と話し合うことが大切である。

表1　福祉用具貸与（介護予防福祉用具貸与）の品目

1. 車いす
2. 車いす付属品
3. 特殊寝台
4. 特殊寝台付属品
5. 床ずれ防止用具
6. 体位変換器
7. 手すり（取り付け工事を伴わないもの）
8. スロープ（取り付け工事を伴わないもの）
9. 歩行器
10. 歩行補助つえ
11. 認知症老人徘徊感知器
12. 移動用リフト（つり具の部分を除く）

注意）要介護認定が要支援もしくは軽度の認定の方については、一定の制限があり、利用できない品目や利用できない場合があります。

表2　福祉用具販売（特定介護予防福祉用具販売）の品目

1. 腰かけ便座
2. 特殊尿器
3. 入浴補助用具
4. 簡易浴槽
5. 移動用リフトのつり具の部分

注意）要介護認定が要支援もしくは軽度の認定の方については、一定の制限があり、利用できない品目や利用できない場合があります。

表３　居宅の住宅改修の種類

・　手すりの取り付け
・　段差の解消
・　滑りの防止および移動の円滑化等のための床または通路面の材料の変更
・　引き戸等への扉の取替え
・　洋式便器等への便器の取替え
・　その他これらの住宅改修に付帯して必要となる住宅改修

居室の環境整備

人が快適と感じる室内気候は、気温・湿度・気流・日当たり等の環境的な要因や、個人差や年齢など様々な条件によって違いがある。一般的には、室内気温について夏季 22－26℃・冬季 19－23℃、湿度 50－60％、室内気流0.5m/秒以下とされている。介護者が室内気候を調整する場合には、室内気温や湿度のみでなく、換気を行ったり、夏の直射日光が居室に入り室内の気温が上がる場合には、カーテンやブラインドなどを利用したりする方法も良いであろう。また、対象者の疾病や障害にも配慮することや、衣類や寝具による調整も必要である。

居室のスペースは、移動方法（杖、標準型車いす、リクライニング車いすなど）や、障害の状態によって、確保したいスペースや寝具と家具などの配置を考えることが大切である。

寝具は、利用者に下肢機能の低下がある場合には移動への配慮の視点から、また介護が必要な方の場合は介護負担の軽減の視点から、ベッドの方が望ましいと考えられる。しかし、這って移動する人や、ベッドからの転落のおそれのある人などは和式布団の方が良い場合もある。

プライバシーと孤独

対象者が自宅で生活している場合の居室は、トイレや台所・浴室に近い場所が望ましい。またこれらトイレや台所・浴室が１階であれば、居室も１階が望ましい。高齢者の場合、排泄機能の低下により排泄の間隔が短くなったり、下肢筋力の低下から転倒の危険性が高まったりするため使用頻度の高い場所の近くに居室があることは重要である。さらに、1階であれば階段昇降による危険性を軽減し、外出にも便利である。家族と同居している場合には、家族の生活音が聞こえたり、会話の機会も増えることが考えられる。

対象者が施設で生活している場合の居室は、大きく分けると個室と多床室の二つがある。また､居室にトイレや洗面所があるか否かの違いもある。なお個室の場合には、共用スペースで過ごす時間も考慮しなければ、自身の居室に閉じこもりきりの状態をつくってしまう場合もある。

自宅と施設の両方にいえることは、プライバシー空間としての居室と、共用スペースにおける他者とのコミュニケーションや関わりの空間のバランスが重要である。対象者のプライバシーが保護され、なおかつ孤独感や疎外感を感じることのない環境をつくることが大切である。

(3) ベッドメーキングの実際

留意点：

・身体への不快感や､褥瘡予防のため､敷きシーツのたるみやしわをとる。
・床頭台やベッド柵の位置は、対象者に使いやすいところに配置されている。そのため、ベッドメーキングの後は元通りにしておく。
・ベッドメーキングに使用するシーツやリネン類は、作業手順を考えて準備する。

準備物品：ベッドブラシ・マットレスパット・敷きシーツ・布団・布団カバー・枕・枕カバー

方法：

⑴ 使用していたシーツ等をはずす。
⑵ マットレスにベッドブラシをかけて、マットレスパッドを敷く。
⑶ 敷シーツを広げる。頭側の敷シーツから三角コーナーをつくり、次にしわやたるみを伸ばして足側にも三角コーナーをつくる。最後にベッド横にたれている敷シーツの中央部分をマットレスの下に入

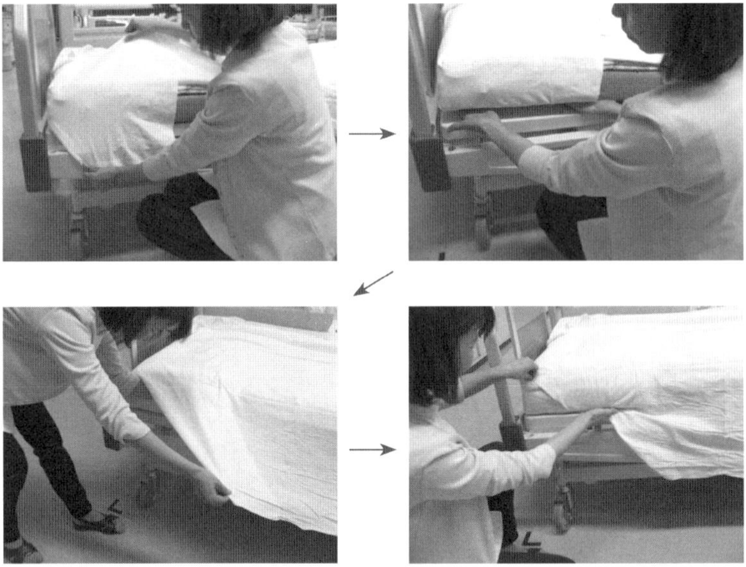

写真１　三角コーナーをつくる

れる。

⑷ 布団を布団カバーに入れる。

⑸ 枕を枕カバーに入れる。

2　食事の生活支援技術

⑴　食事とは

食事とは、生命の維持および健康保持に欠かすことのできないものであると同時に、楽しみな行為の一つである。食事の援助では、生命の維持および健康保持や、疾病等から栄養について考える必要がある。また高齢者では、食事摂取量および水分摂取の減少が身体的な問題につながる場合も多く注意が必要である。高齢者の場合、のどの渇きを感じにくかったり、誤嚥によるむせが負担となり飲み物を飲まなくなったり、排泄回数を減らすために意図的に飲まなかったりと様々な原因が考えられる。人間の体の約 60%は水分が占めており、適切な水分摂取が大変重要である。

さらに食事は生命維持等による必要性だけでなく、日常生活における楽しみの一つである。おいしいと感じたり、食材から季節を感じたり、郷土料理が懐かしかったりと精神的な援助にもつながる。

(2) 老化と食事

老化により、生理機能や消化機能などが徐々に低下してくる。感覚機能では、視力の低下により食物が見えにくかったり、嗅覚の低下により食欲不振になったりする場合もある。

咀嚼力の低下では、麻痺等により口を閉じることが困難であったり、食物を歯でかみ砕くことが困難であったり、唾液の減少により食物と唾液をまざりあわせて食塊を形成することが困難な場合がある。

嚥下機能の低下では、口のなかにある液体や食物を、食道から胃に送りこむ行為のいずれかに支障が生じたりすることがある。

消化・吸収機能の低下では、食物を栄養素に分解し、水分や消化された栄養素を消化管から血液に送り込む機能等が低下するなどの場合がある。

以上、取り上げた咀嚼や嚥下、消化・吸収機能の低下以外にも、個人差はあるが生理機能や消化機能の低下が考えられる。

(3) 食事の姿勢

食事の前には、まず食事の姿勢を整えることが重要である。基本的に座位では体幹と頸部は、やや前傾から垂直にし、足底部が床に着くようにする。また車いすを使用している人では、体幹が背もたれにつくことによって、後ろに傾きやすくなる。こうした場合は、クッションなどを活用して姿勢を整えるか、椅子（背もたれ・肘掛つき）に座りかえることも検討する必要がある。また、テーブルの高さや椅子の高さなども合わせて、考えることが大切である。

(4) 福祉用具の活用

上肢の筋力低下や、関節の可動域の制限などのある人が、食事の福祉用具を活用することにより、自力摂取を促す手助けとなることがある。例えば、スプーンやフォークでは、柄の部分が太くなっていたり、手の形状に合わせられたりといった物がある。また、お皿では、底に傾斜がありすくい易かったり、滑りにくい工夫があったりする。福祉用具の使用を検討する場合は、対象者個人の障害や身体状態を把握し、理学療法士・作業療法士などと相談しながら、対象者の使い心地や希望と合わせて選定することが大切である。

(5) 食事介護の留意点

個人の疾患や障害を理解し、事前に食事のアセスメントを行う。

・個人の食生活や、好き嫌い・食欲などを理解する。
・個人の疾病や体調による減塩や低カロリーなどの食事制限や食物アレルギーについて確認する。
・食事の環境では、場所や食事を一緒に食べる人との関係について検討する。
・食事の姿勢を整えるため、椅子やテーブルの高さを調整し、座位姿勢を保てるように検討する。
・個人にあった食事の形態に調理することで、嚥下がスムーズになるように工夫する。
・口腔内の状態を観察し、歯肉の腫れや出血などがないか確認をする。
・食事の動作について、観察し必要な援助を検討する。
・必要に応じて、スプーンや皿・コップなどの福祉用具を検討する。
・食事の最初は、口腔内をしめらせて飲み込みをよくするためにお茶やお水等の水分から摂取してもらう。
・水分の嚥下が困難な場合は、市販の増粘剤を使用する場合がある。
・食後は、口腔ケアを行うことで、清潔の保持および口腔の機能の維持・促進につなげる。

3　体位変換と移乗・移動の生活支援技術

(1) 体位変換

①主な体位

・**仰臥位**：背部を下にして、仰向けで寝ている姿勢である。

・**側臥位**：横向きで、左右のどちらかを下にして寝ている姿勢である。下になる側が右であれば右側臥位といい、左であれば左側臥位という。

・**座　位**：上半身は、直立位で座った姿勢である。座位には、端座位・長座位などの種類がある。

②体位変換とは

体位変換とは、身体的な姿勢の状態を変えることである。対象者には、疾病および障害によって、自らの体位を変えることや除圧が困難な人がいる。長時間の同一体位は、対象者の心身に苦痛を与える。また持続的な圧迫は局所の皮膚に壊死をもたらし、褥瘡が発生する要因の一つにもなる。そこで、体位変換と合わせて、クッションや座布団などを使用し、体位を安定させたり、除圧したりと安楽な体位を整えることが大切である。

なお、褥瘡予防や寝たきり予防のために、離床を促す場合に対象者を車いすに移乗し座位を整えたことで安心して、観察の視点が疎かになっては危険である。同一体位とは、もちろん座位も含まれる。最初に座位姿勢を整えたとしても、姿勢はズレたり、自力でのヒップアップができず除圧が難しい人では坐骨への圧迫が強くなる。体位変換は、寝ている姿勢や座っている姿勢にかかわらず、対象者の希望や表情などを観察し、頻回に安楽な体位を保持することが重要である。

(2) 体位変換介護の留意点

個人の疾患や障害を理解し、事前に体位変換のアセスメントを行う。

・対象者が心身の苦痛を感じることなく、頻回に体位変換を行う。
・対象者とコミュニケーションをとり、不具合や苦痛がないかよく話を聴く。
・片麻痺がある人は、麻痺側を下にすることをできるだけ避ける。麻痺側が下になると、圧迫による循環障害を起こしやすいためである。
・鼻や口が圧迫されないように呼吸の確保を行う。
・介護者は、体位変換時に摩擦を生じさせないためにも、対象者の上肢を胸の上に置いたり、膝を高くたてたりと身体に配慮する。また対象者の全身を一度に動かさないようにする。
・すでに褥瘡のある人や過去に褥瘡があった人については、褥瘡についてのアセスメントを行い、発生要因の除去に努める。
・体位変換時に使用するクッション等は、身体に押し込むのでなく、クッションを置く部位を支え、身体をクッションの上に戻すように行うと、皮膚の摩擦やズレを防ぐことができる。
・体位変換の際には、体位を変えた後の対象者の寝ている位置がベッドや布団の中央になるように考えてから行う。

(3) 体位変換介護の実際

①水平移動

(1) 対象者に介護の目的を説明し、同意を得る。
(2) 対象者の頭部を支えて、水平移動後に枕の中央に頭部がなるように、枕を動かす。
(3) 対象者の片方の上肢で、もう片方の上肢の肘をもってもらい、胸の前で組む。
(4) 両膝を高くたててもらう。
(5) 介護者は、ベッドサイドに立ち、対象者の頸部を支えながら向こう側の肩を持つ。もう一方の手は、対象者の腰部下を通して、向こう側の腸骨を持つ。
(6) 介護者は、両膝をベッドわきにつけ手前に引くことで、対象者の上半身が動く。

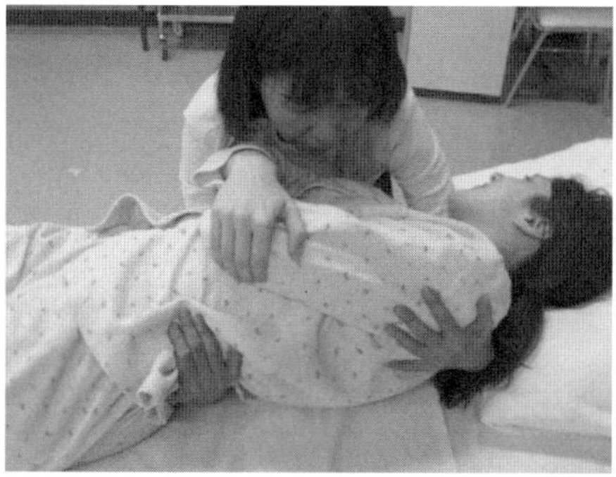

写真２　水平移動(5)の写真

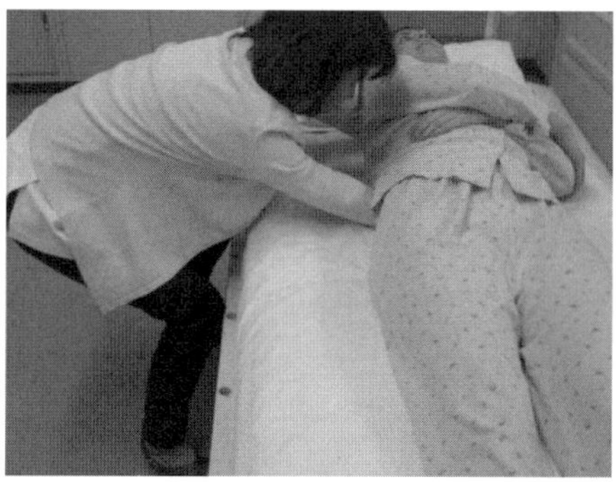

写真３　水平移動(6)の写真

(7) 介護者は、対象者の腰部下を通して、向こう側の腸骨を持つ。もう一方の手は、対象者の膝下から手をいれて、大腿部の1/2のところを持つ。両膝をベッドわきにつけ手前に引くことで、対象者の下半身が動く。

(8) 頭部・上肢・下肢の位置を整える。

②寝返り

(1) 対象者に介護の目的を説明し、同意を得る。

(2) 対象者の頭部を支えて、寝返り後に枕の中央に頭部がなるように、枕を動かす。

⑶ 対象者の片方の上肢で、もう片方の上肢の肘をもってもらい、胸の前で組む。

⑷ 両膝を高くたててもらう。

⑸ 寝返る側に顔を向けてもらう。

⑹ 介護者は、対象者の向こう側の肩を保持し、もう一方の手の肘を対象者の向こう側の膝にあて大腿部から骨盤までを保持する。介護者側に向くように膝を倒し骨盤を回転させ、肩を引き上げる。

⑺ 枕で、鼻や口が圧迫されないように呼吸の確保を行う。頭部・上肢・下肢の位置を整える。

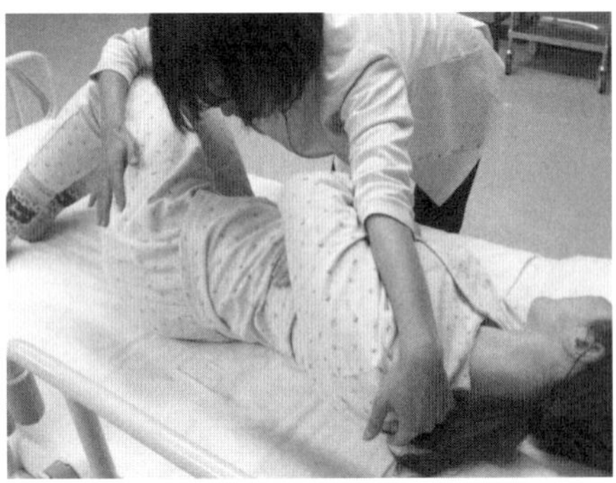

写真４　寝返り⑹の写真

(4) 移乗・移動

①移乗・移動とは

移乗とは、ベッドや布団から、車いすやポータブルトイレに移ることである。また移動とは、独歩・杖歩行・車いすなどの手段で目的の場所へ行くことである。自宅や居室の中だけで過ごすより、歩行補助用具を適切に使用することで、日常生活動作の維持向上および行動範囲を広げることにつながる。また、外出を通じて、心理面でも気分転換につながることが考えられる。

(5) 移乗・移動の留意点

個人の疾患や障害を理解し、事前に移乗・移動のアセスメントを行う。
・安全な移乗・移動のために、適切な介護方法および歩行補助用具を選択する。なお、室内と屋外では、移動の手段や歩行補助用具を使い分ける必要がある人もいる。
・歩行補助用具の選定では、対象者を含め、理学療法士や作業療法士などの専門職と話し合うことが重要である。また用具によっては、介護保険制度の福祉用具貸与（介護予防福祉用具貸与）・福祉用具販売（特定介護予防福祉用具販売）や、老人日常生活用具給付等による給付と貸与の利用についても検討する。
・福祉用具のメンテナンスは、定期的に行う。

(6) 移乗・移動介護の実際

①片麻痺のある人がベッド端座位から車いすに移乗

⑴ 対象者に介護の目的を説明し、同意を得る。
⑵ 車いすのタイヤの空気やブレーキなど点検をし、車いすを対象者の健側に約 30 度の角度をつけておき、ブレーキをかけフットサポートを上げておく。
⑶ 対象者に浅く腰かけてもらう。
⑷ 対象者の下肢は、足底部を床に着けて、健側の足を膝より後方へ踵を引くようにする。この時、患側の下肢より、車いすに近い側の健側をやや前方にする。
⑸ 介護者は、対象者の患側下肢の膝折れ予防をするために患側下肢の外側から、対象者の下腿の前方を支持する。そしてもう一方の足は、車いすのキャスターの外側にする。
⑹ 対象者の患側上肢は、身体の前においてもらい、健側上肢は、対象者の身長等によって持つ位置が変わるが、介護者の肩や背中の持ちやすいところをもってもらう。
⑺ 介護者の手は、対象者の患側上肢を保護するように上から腰部まで

手をまわす。もう一方の手は、対象者の健側上肢の腋窩から背中に差し込み、対象者の仙骨部を支える。

⑻ 対象者に少し前傾姿勢をとってもらい、健側下肢に力を入れてもらい立ち上がりの介護を行う。

⑼ 介護者は、対象者の立位が安定するように介護する。

⑽ 車いすのほうに殿部を回転してもらう。

⑾ 対象者に車いすの位置を確認してもらい、ゆっくりと座ってもらう。

⑿ フットサポートに片足ずつ乗せ、深く座ってもらう。

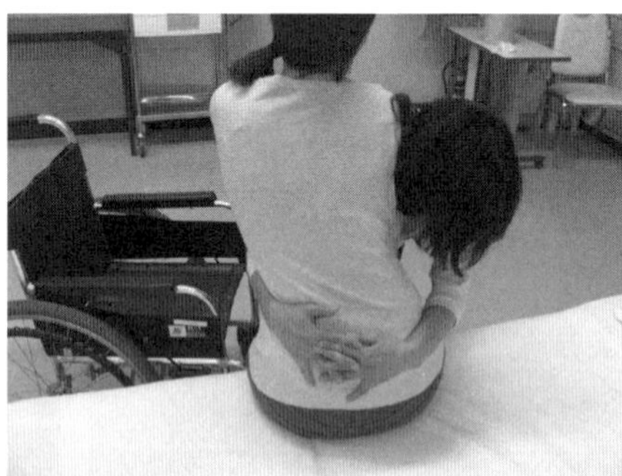

写真５　車いすに移乗⑺の写真

②車いす移動の段差越え

⑴ 車いすを段差に対して、正面に向けて止まる。

⑵ 対象者に段差があることを伝えて、アームレストを持ってもらう。

⑶ 対象者に前側が持ち上がることを伝えて、テッピングレバーを踏込み、グリップを押し下げキャスターを持ち上げる。

⑷ キャスターを段差の上にゆっくりとおろす。

⑸ 続いて、後ろが持ち上がることを対象者に伝えて、駆動輪（大車輪）を持ち上げる。車いすが、段差の上にあがる。

4　更衣の生活支援技術

(1)　更衣とは

更衣とは、普段着から寝間着に着替えたり、入浴後に服を身に着けたりと衣服を着替えることである。衣類は、身体を清潔に保ち、快適な温度に調節するなど生理的な機能の保持・促進に役立つ。さらに、心理・社会的な面では、自分らしさや自己表現としての役割もある。

また対象者の衣服を選ぶ場合は、対象者が気に入っているもの・季節に応じたもの・清潔なもの・肌触りがよく通気性や吸湿性に優れたもの・着脱が容易でサイズが合っているものを検討すると良い。

(2)　着替えの留意点

個人の疾患や障害を理解し、事前に更衣のアセスメントを行う。

・室温の調整や保温、プライバシーの保護に配慮する。

・麻痺や拘縮に配慮し、関節可動域の範囲で関節を動かす。

・更衣後、衣服のしわやたるみがないか着心地が悪いところがないか確認する。

・片麻痺がある場合、健側から脱いでもらい、患側から着てもらう。

(3)　更衣介護の実際

①ベッドで仰臥位になっている人の前あきパジャマへの更衣

⑴ 対象者に介護の目的を説明し、同意を得る。

⑵ 室温調整・カーテンや肌の露出部を覆うバスタオル等の準備をする。

⑶ 汚れた（着ている）パジャマのボタンをはずす。

⑷ 介護者の向こう側になる対象者の袖を脱いでもらう。肩、肘、手の順番に脱いでもらう。

⑸ 介護者側に向く、側臥位になってもらう。袖を脱いだ汚れたパジャマを内側に丸めて、体の下に入れ込む。

⑹ 清潔なパジャマの袖を通すため、パジャマの袖口から介護者の手を入れて迎え袖とし、手、肘、肩の順番に袖を通す。新しいパジャマを背中に沿わせ、身体の下に入れ込む。

⑺ 仰臥位に戻して、手前になった汚れたパジャマの袖を肩、肘、手の順番に脱いでもらう。そして、清潔なパジャマの袖口から介護者の手を入れて迎え袖とし、手、肘、肩の順番に袖を通す。

⑻ ボタンをとめて、パジャマの上衣のしわをとり整える。

⑼ 腰をあげてもらい、ズボンを脱いでもらう。殿部、膝、足の順番に脱いでもらう。

⑽ ズボンをはいてもらう。介護者はズボンの裾から手を入れて、足、膝、大腿部の順番にはいてもらう。そして、腰をあげてもらいズボンをあげてしわをとり整える。

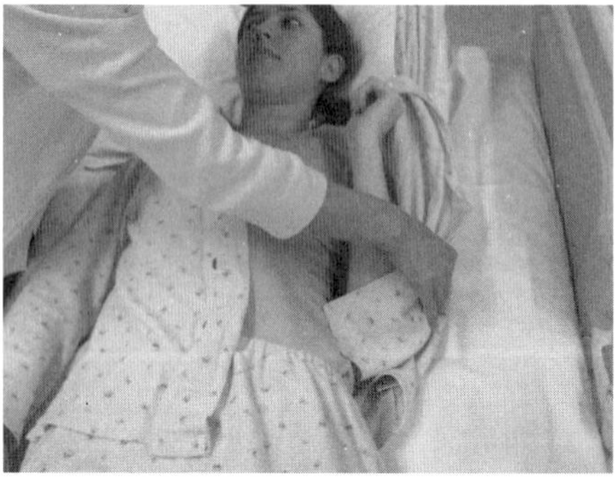

写真６　更衣⑷の写真

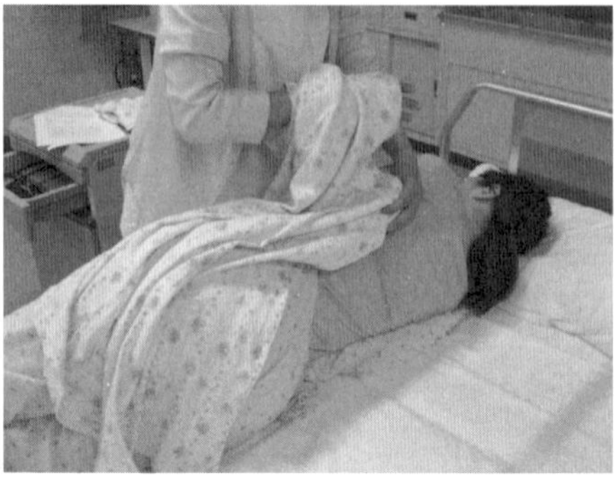

写真７　更衣⑹の写真

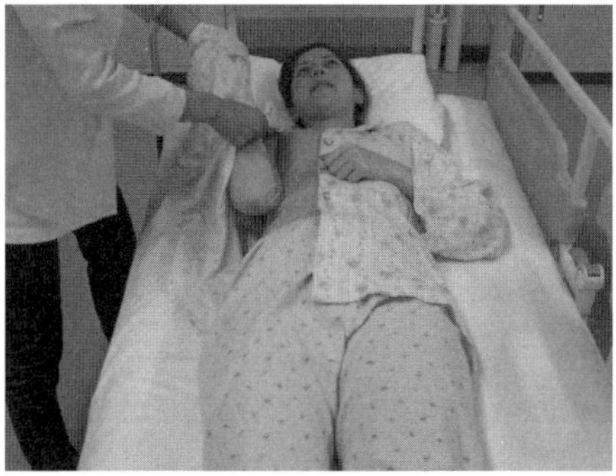

写真８　更衣(7)の写真

5　入浴の生活支援技術

(1) 入浴とは

入浴は、身体を洗い浴槽につかるなどの行為で最も一般的な清潔保持の方法である。入浴によって、全身を清潔にし、細菌感染を防ぎ、新陳代謝を促進する効果を得ることができる。

しかし一方で入浴は、対象者の状態によって、転倒やヒートショック等の危険を伴うこともあるため疾病や障害の理解と健康状態の観察、入浴の留意点を理解しておくことが大切である。

そして、安全な入浴の援助は、対象者の心身をリラックスさせ気分を爽快にできる心理的な効果をもたらすことが期待できる。

(2) 入浴の留意点

①入浴の準備

個人の疾患や障害を理解し、事前に入浴のアセスメントを行う。

・浴室や脱衣室に必要な福祉用具や椅子などを準備する。

・脱衣室と浴室の温度差を少なくして、脱衣室の温度は 24 ± ２度に設定する。暖かい浴室から、急に寒い脱衣室に行くことで、血圧の急激な変動が起こりやすく、心臓や脳の血管に大きな負担を与えるヒートショックとなる危険性がある。

・浴槽の中のお湯は、40 度程度を目安にするが、高血圧の人などは、37－39 度の少しぬるめのほうが、身体的に負担が少ない。

・お湯によって、身体が温まると尿意を催すことがあるため入浴前に排泄介助を行う。

②入浴中

・普段、靴を履いて歩行している時に比べて、靴を脱ぐことで歩行が不安定になる対象者が多く、さらに浴室内や脱衣室が濡れていると滑りやすくなっているので、歩行介助には十分な注意が必要である。

・入浴の時間は、15 分から 20 分程度にして長時間の入浴を避ける。

・洗身時に手足は、末梢から身体の中心に洗うことで、血液循環が促進される。

・対象者にお湯をかける場合には、40 度程度を目安にするが冬など身体が冷えていると熱く感じることもある。また麻痺側は熱さに対する感じ方が鈍くなっていることもあるため、まず介護者自身が温度を確認し、対象者の健側の手や足で確認してもらう。

・高齢者は、皮膚表面の水分が少なくなっていたり、皮膚が薄くなっていたり、老人性皮膚掻痒症であったりするため強く擦るような洗身は避ける。

・浴槽につかるときは、手すりや浴槽縁を持ってもらい浮力によって、入浴姿勢がくずれないようにする。

・入浴中は、対象者の顔色や様子を観察する。

③入浴後

・ぬれた全身の水分をタオルで手際よく、ふき取る。また髪の毛も同様に水分を充分ふき取る。髪の毛の乾燥にドライヤーを使用する場合は、やけどをしないように注意をする。

・入浴による体力の消耗や、身体状態の変化を観察する。

・水分摂取を促し、入浴による発汗を補う。

6　排泄の生活支援技術

(1) 排泄とは

排泄とは、口から取り入れた水分や食物から、生命維持に必要な物質を摂取し、不要になった水分や老廃物を尿や便として排出することである。

排尿とは、血液中の水分・老廃物等が腎臓で濾過されて膀胱に集まり、尿道から排出されることである。また排便とは、摂取した食物の栄養素を分解し吸収された残査物が、大腸を経て排出されることである。

排尿と排便以外にも、人間には皮膚からの汗や呼吸による二酸化炭素などの排泄機能がある。つまり、人間にとって排泄は、生命維持や健康状態の保持に重要な役割を持っているのである。

(2) 排泄の援助の課題

「排泄とは」で述べた通り、排泄は人間にとって重要な役割を持っている。それと同時に排泄の行為は、他者から見られたくない行為であるため援助時には、プライバシーの保持・羞恥心への配慮が求められる。また、対象者の疾病や障害・排泄障害について理解し、排泄環境や福祉用具の選択など様々な状態をトータルに捉えた援助が求められるため、難しい援助の一つである。対象者の思いを大切にして、適切な援助を提供することが重要である。

(3) 尿の性状と排尿障害

一般的に成人の一日平均の尿量は 1.5ℓ で、色は淡黄色から黄褐色である。また排尿回数は、5 回から 6 回である。ただし、食事や水分摂取量によって尿量や色・回数に違いがみられる。

排尿障害とは、尿量や排尿回数の異常、尿失禁など排尿機能が障害されることである。

尿量の異常では、排尿量が少なくなる乏尿や無尿と、排尿量が多くなる多尿などがある。一般的に1日に300－500 ml以下の尿量を乏尿といい、1日に100 ml以下の尿量を無尿という。反対に1日に2000－3000ml以上の尿量を多尿という。

排尿回数の異常では、1日に10回以上と多いものを頻尿という。

(4) 便の性状と排便障害

一般的に成人では、一日に1－2回の排便回数があり、色は黄褐色や黒褐色であるが、食事の内容等によっても色に違いが見られる。

排便障害には、便秘，下痢などがある。便秘とは、便（残査物）が大腸内に通常より長く留まる状態である。一般的には、3－4日以上に1回をいうが､日数以外にも毎日排便があっても少量しか出ない場合も含まれる。

また下痢とは、便（残査物）が大腸内で水分が吸収されもないまま、早く通過することによって、液状に近い状態で排便されることである。

(5) 排泄の留意点

個人の疾患や障害を理解し、事前に排泄のアセスメントを行う。

・尿と便の性状を理解し、対象者の排泄物を観察する。
・排尿・排便障害について理解し、適切な援助方法を行う。
・排泄援助時のプライバシー保護や羞恥心への心がけでは、環境整備や言葉かけに十分な配慮を行う。
・適切な福祉用具を選定する。

(6) 排泄介護の実際

①紙おむつ使用のおむつ交換

⑴ 対象者に介護の目的を説明し、同意を得る。
⑵ プライバシーの保護に必要な環境整備を行う。例えば、居室のドアをしめカーテンをしたり、陰部や殿部を覆うバスタオルを掛ける。
⑶ 新しいおむつを準備する。
⑷ 殿部を持ち上げることが可能な場合は、手のひらを下に向けて体幹

から少し離しておいてもらい膝を高く立てて、殿部を上げてもらいズボンをおろす。

(5) 汚れたおむつを開いて、排泄物を確認する。

(6) 陰部洗浄や陰部清拭を行う。便などの汚物が尿道口に入らないように気をつける。

(7) 介護者側に向いた側臥位になってもらい、汚れたおむつを内側に丸めて身体の下に入れ込み、新しい清潔なおむつを敷く。

(8) 仰臥位に戻ってもらい、手前から汚れたおむつを取り出し、続いて清潔なおむつを広げる。

(9) おむつの位置は、ウエストの部分とおむつの上部をあわせて、おむつの中心を殿部の中心にあてる。足回りのギャザーを外に出し、鼠径部が圧迫されない程度にフィットさせる。

(10) ズボンを脱いだ時と同様の方法で殿部を上げてもらい、ズボンを履いてもらう。

(11) 衣類を整える。

(12) 安楽な体位にして、布団をかける。

(13) おむつ等を片付ける。

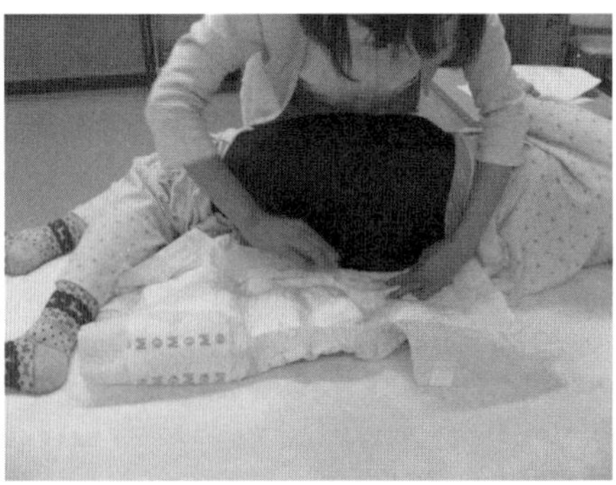

写真８　おむつ交換(7)の写真

[参考文献]

井上幸子・平山朝子・金子道子編（1999）看護学大系　第7巻　看護の方法［2］．第2版，日本看護協会出版会．

井上幸子・平山朝子・金子道子編（1999）看護学大系　第8巻　看護の方法［3］．第3版，日本看護協会出版会．

氏家幸子・阿曽洋子・井上智子（2005）基礎看護技術Ⅰ．第6版，医学書院．

大岡良枝・大谷眞千子編（2000）なぜ？がわかる看護技術 LESSON．学習研究社．

奥野茂代・大西和子編（2001）老年看護学Ⅰ　老年看護学概論．第2版，廣川書店．

奥野茂代・大西和子編（2001）老年看護学Ⅱ　老年看護の実践．第2版，廣川書店．

介護技術全書編集委員会編（2007）わかりやすい介護技術演習．ミネルヴァ書房．

基礎からの社会福祉編集委員会編（2005）介護福祉概論．ミネルヴァ書房．

住居広士・笠原幸子・國定美香・日髙正巳・吉田繁子編（2009）介護福祉用語辞典．ミネルヴァ書房．

第9章 持ち上げない移動・移乗技術

1 生活における「移動・移乗」の意義

生活とは、「日常的継続性を持つ生命活動」であり、「人としての主体的創造性」「歴史的社会的性格」を持つものである。その「生活」を人間らしくその人らしく自立して遂行するためには、『移動・移乗』が重要となる。例えば、朝起きて洗面所で顔を洗うには寝返りや起き上がり・立ち上がり等の起居動作、歩行・移乗等の移動動作が行える必要がある。また、日常的社会的生活を営むには、交通機関の利用や家事・調理・買い物・金銭管理等の"生活関連動作"が影響している。つまり、生活を支える社会的活動もまた『移動・移乗』によって満たされている。

このように『移動・移乗』は、その人の基本的欲求を満たし、その人らしい自立した生活を送るために大変重要である。したがって、病気や障害等といった何らかの理由によって自力で移動・移乗が困難な利用者に対して生活活動を拡大することは介護の大きな目的となる。

2 介護労働者の腰痛発症の現状

介護労働は、身体的負担度の高い業種といわれている。厚生労働省が調査した「平成23年 業務上疾病発生状況（業種別・疾病別）」において、業務上疾病発生件数は総計7779件であり、そのうち腰痛は4766件と多く、61.27%を占めている（表1）。さらに、業種別で腰痛発生割合を見てみると、保健衛生業（社会福祉施設は保健衛生業の一つ）は1329件発生しており、全業種の27.89%を占めている。つまり、保健衛生業の4名に1名は業務上腰痛を発生していることを示している（図1）。腰痛発生件数・割合の年次推移（平成16年から23年）を見てみると、全業務の腰痛発生件数は平成20年をピークに減少傾向にあるが、保健衛生業はほぼ横ばいの状況である。しかし、割合に換算すると年々増加傾向であることがわかる（図2）。

表1　業務上疾病発生状況（平成23年[1)]）

		保健衛生業	商業・金融・広告業	製造業	運輸交通業	接客・娯楽業	建設業	清掃と畜業	その他の事業	合計
負傷に起因する疾病		1,398	1,022	992	761	378	401	259	443	5,654
（　）は腰痛で内数		(1,329)	(889)	(774)	(670)	(313)	(241)	(224)	(326)	(4,766)
物理的因子	有害光線	0	0	2	0	1	0	0	0	3
	電離放射線	0	0	0	0	0	0	0	0	0
	異常気圧下	0	0	0	4	0	3	0	5	12
	異常温度	20	66	151	66	65	143	32	63	606
	騒音	0	1	5	0	0	1	0	1	8
	以外の原因	0	3	4	5	1	4	2	3	22
作業態様	重激業務	7	15	22	17	6	6	3	11	87
	非災害性腰痛	9	11	10	9	2	3	3	9	56
	振動障害	0	0	0	0	0	2	0	2	4
	手指前腕	15	32	72	5	13	6	3	15	161
	以外の原因	13	18	15	7	8	3	2	7	73
酸素欠乏症		0	1	6	0	0	1	2	0	10
化学物質		6	31	120	8	16	52	9	15	257
じん肺		0	0	161	0	0	151	0	127	439
病原体		118	4	17	3	4	3	3	8	160
がん	電離放射線	0	0	0	0	0	0	0	0	0
	化学物質	0	0	1	0	0	2	1	1	5
	以外の原因	0	0	0	0	0	0	0	0	0
その他の疾病		43	38	46	37	11	19	5	23	222
合　計		1,629	1,242	1,624	922	505	800	324	733	7,779

このように、介護労働は業務上疾病発生率が高く、増加傾向となっている。このことが腰痛等の健康悪化を招き、結果として人的コスト（介護労働現場の離職率の高さ、人材不足、サービス・モラルの低下、専門性の喪失等）や経済的コスト（医療費、人員補充費、再研修費等）を増大させている。

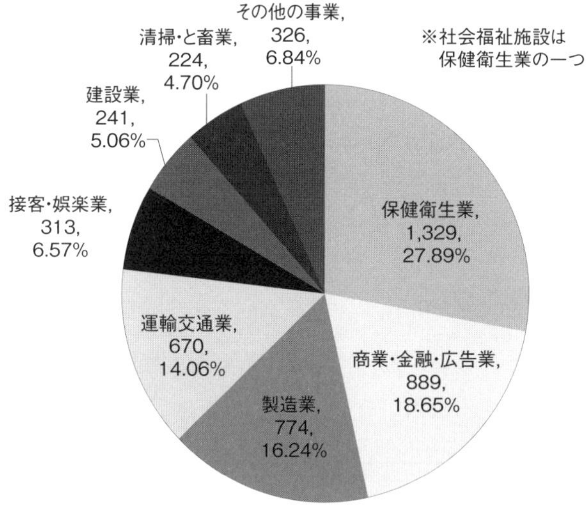

図１：業種別腰痛発生割合（平成 23 年[1)]）

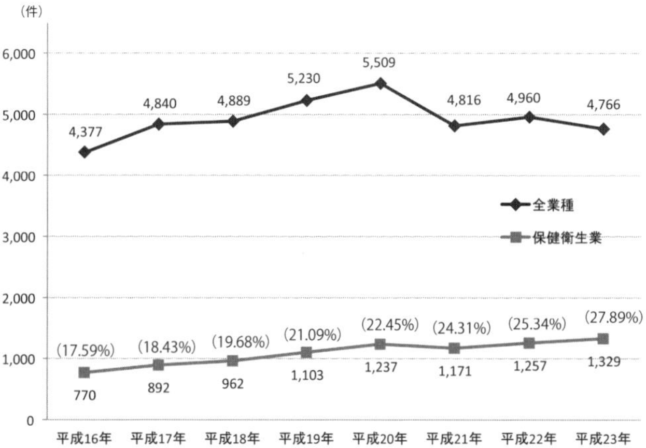

図２　腰痛発生件数・割合（年次推移）（※件数は休業４日以上のものに限る[1)2)3)4)5)6)7)8)]）

3　業務上腰痛に関する基礎知識

腰痛の発症には様々な要因があるが、専門職は、腰痛予防に関する基礎知識を深めておく必要がある。

(1) 腰痛とは

「腰痛とは、腰部を主とした痛みや張り等の不快感といった症状の総称」で、病名ではなく症状の名前である。腰痛を起こす疾患には、ぎっくり腰(腰部捻挫)、椎間板ヘルニア、椎体骨折、腰痛症（椎体や椎間板等に原因を見出せない腰痛)、座骨神経痛等が含まれる。

(2) 腰痛の発生要因

腰痛の発生には、姿勢・動作に関係する要因、疾患に関係する要因、環境・個人的に関係する要因がある。

腰痛の発生の要因[9)]

①腰椎と仙椎を支えている腹筋（脊椎伸展筋群）と背筋（脊椎屈曲筋群）の緊張のバランスが良くない時（静力学的腰痛）
②腰椎の前弯を強くする悪い姿勢を長時間または繰り返し続けた時
③不意の動作や過大な外力（重量負荷等）の急激な作用等によって、椎間板や靭帯・筋膜が耐えきれなくて傷害された時（ぎっくり腰、急性腰痛、筋々膜性腰痛、椎間板ヘルニア等)
④悪い姿勢や動作、重量物の取り扱い等により③よりはやや軽い負荷が腰部に繰り返して作用した時（慢性腰痛)
⑤骨自体に原因がある時（先天性、炎症、代謝障害、外傷、腫瘍、老化等)
⑥椎間板や靭帯自体に原因がある時（①から⑤に関連)
⑦内臓疾患がある時（胃・十二指腸潰瘍、腎臓病、子宮・卵巣の病気等の関連痛)
⑧寒冷、湿度、振動、運動不足、肥満、妊娠、精神的なストレス等が原因となる時

このように腰痛の発生には様々な要因があるが、半数以上は不自然な姿勢（中腰、ひねり、前屈、後屈捻転等）によるものといわれている。Nachemson[10)]の研究によると、直立姿勢で第３腰椎椎間板にかかる圧力（内圧）を基準（100％）として各姿勢の圧力と比較した結果、体重70kgの人が前傾姿勢（約20度）になった場合は第３腰椎椎間板にかかる負荷が約1.5倍となり、前傾姿勢で約20kgの物質を持つと負荷は約2.2倍に増大すると報告している（図3）。つまり、姿勢の違いや重量物の取り扱いによって腰部への負荷は変化することがわかる。さらに、McGill[11)]は、腰部組織の損傷にいたらない程度の負荷であっても繰り返し受けることによって腰部組織は損傷し、腰痛を発生させると報告している（図4）。

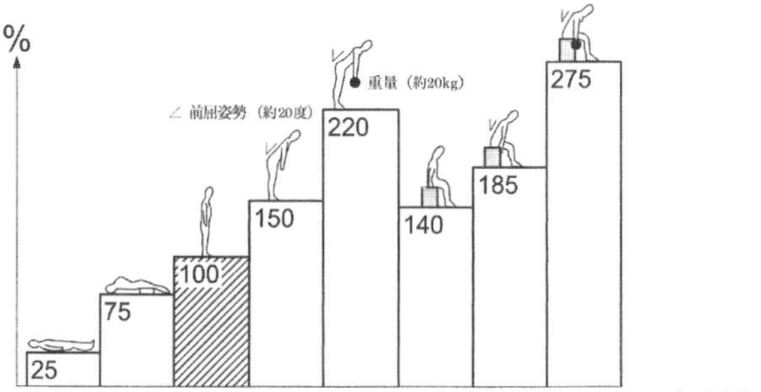

図３　姿勢変化による第３腰椎椎間板にかかる圧力の変化[10)一部改変]

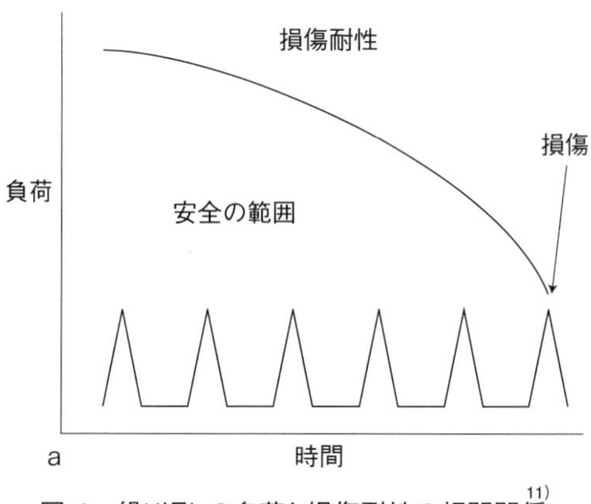

図４　繰り返しの負荷と損傷耐性の相関関係[11)]

(3) 腰痛を起こしやすい職場の要因

腰痛を起こしやすい職場には、動作に関係する要因、作業環境に関係する要因、労働者個人に関係する要因がある。

(1) 動作に関係する要因
①腰部に強い力が作用する（重量物の持ち上げ、転倒、押す・引く等）
②腰の前屈、後屈捻転、身体をひねる等の動作を頻繁に繰り返す
③長時間同じ姿勢を保つ
④急激または不用意な動作　等

(2) 作業環境に関係する要因
①寒冷（体を冷やす）
②（乗り物や設備・機械からの）振動・衝撃
③作業床面の状態（床面が滑りやすい、段差がある）
④照明（暗い）　等

(3) 労働者個人に関係する要因
年齢、性別、体格、筋力、既往症・基礎疾患の有無、心理的要因、仕事の熟練度、日常生活習慣　等

腰痛を起こしやすい職場の要因には介護労働現場に該当している部分が多いといえる。社会福祉施設における介護労働者の移動・移乗技術に関する研究[12)]では、介護労働者はあらゆる介助場面で不自然な姿勢をとっており、勤務時間中に占める割合でいえば約40％が不自然な姿勢、さらにそれらの姿勢を頻繁に繰り返していることが報告されている。

他にも、介護労働者は利用者を抱えたり、様々な重量物を持ったり押したり引いたり、利用者に危険がないよう緊張感を持ちながら作業している。さらに、居室、廊下、台所、浴室、エレベーター、送迎バス、階段、坂道等、生活に関連するありとあらゆる場所で昼夜問わず働いている。つまり、介護労働者は腰痛を起こしやすい典型の職場で日々従事しているといえる。

4　腰痛予防対策

(1) 日本における腰痛予防対策

腰痛は、何らかの一つの要因だけが関与して発生することは稀で、いくつかの要因が複合的に関与して発生している。したがって、腰痛予防対策には、働き方のみならず生活の仕方等の点検・改善が不可欠である。そこで日本（当時厚生省）では、昭和 45 年 7 月に「重量物取扱い作業における腰痛の予防について（基発第 503 号）」を、昭和 50 年 2 月に「重症心身障害児施設における腰痛の予防について（基発第 71 号）」を公示し、腰痛予防対策の指導に努めている。さらに、職場における腰痛予防を広く推進していくため、調査研究結果を踏まえて、平成 6 年 9 月に「職場における腰痛予防対策指針（基発第 547 号）[13]」を策定している。この間、腰痛発生件数は大きく減少したが、依然として多くの業種で業務上疾病全体に占める割合が最も大きく、保健衛生業では発生件数が過去 10 年間で約 2.7 倍に増加している。そこで、福祉・医療分野における介護・看護作業、長時間の車両運転・建設機械の運転作業等を対象に広く職場における腰痛予防を一層推進するため、平成 25 年 1 月から「職場における腰痛予防対策指針の改訂及びその普及に関する検討会」を開催（全 4 回)、平成 25 年 6 月に腰痛予防対策指針を改訂（以下、改訂腰痛予防対策指針）[14]し、公表している（上記基発第 547 号は廃止)。今後、日本における腰痛予防対策は、この指針を基本として考えられることになる。

改訂腰痛予防対策指針では、腰痛予防は作業管理、作業環境管理、健康管理、労働衛生教育等を総合的且つ継続的に事業実施に係る管理と一体となって取り組むことが必要であり、リスクアセスメント及び労働安全衛生マネジメント・システムの考え方を導入する必要があると講じている。また、腰痛の発生が比較的多い「重量物※取扱い作業」「立ち作業」「座り作業」

※重量物とは製品、材料、荷物等を指す（人を対象とした抱上げ等の作業は含まない)。

「福祉・医療分野等における介護・看護作業」「車両運転等」の5作業に対して、作業態様別の基本的な対策を講じている。

この作業態様のうち、介護労働に特に関係性の強い作業は「重量物取扱い作業」「福祉・医療分野等における介護・看護作業」である。そこで、これらを基に日本における腰痛予防対策を説明する。

①重量物取扱い作業

改訂腰痛予防対策指針では事業者に対し、まず「自動化、省力化」を挙げており、適切な動力装置等による自動化、困難な場合には台車・補助機器の使用等による人力の負担の軽減（省力化）を原則としている。また、「人力による重量物の取り扱い」として「満18歳以上の男子労働者が人力のみにより取り扱う重量は、体重のおおむね40%以下となるように努めること。満18歳以上の女子労働者では、さらに男性が取り扱うことのできる重量の60%位までとすること」と講じている。さらに、上記の重量を超える重量物を取り扱わせる場合には「適切な姿勢にて身長差の少ない労働者2人以上にて行わせるように努めること。この場合、各々の労働者に重量が均一にかかるようにすること」と講じている。

他にも、労働基準法、女性労働基準規則、年少者労働基準規則といった法令では、全ての女性労働者や年少者労働者に対して重量の制限を設けている（表2）。

表2　日本における重量物取扱い制限

性別	年　齢	断続作業の場合	継続作業の場合
男性	満16歳未満	15kg 未満	10kg 未満
	満16歳以上満18歳未満	30kg 未満	20kg 未満
	満18歳以上	55kg未満	55kg未満
女性	満16歳未満	12kg 未満	8kg 未満
	満16歳以上満18歳未満	25kg 未満	15kg 未満
	満18歳以上	30kg 未満	20kg 未満

※労働基準法（第62条）、女性労働基準規則（第2条1項）、年少者労働基準規則（第7条）

②福祉・医療分野等における介護・看護作業

福祉・医療分野等で介護・看護作業等を行う場合、重量の負荷や腰痛の発生要因となる姿勢・動作を繰り返しとることから、改訂腰痛予防対策指針では事業者に対し「腰痛の発生に関与する要因の把握」「リスクの評価（見積もり）」「リスクの回避・低減措置の検討及び実施（原則として人力による人の抱上げは行わせないこと等）」「リスクの再評価、対策の見直し及び実施継続」の対策を講じることとしている（表3）。

表3　福祉・医療分野等における介護・看護作業の対策[14)]

対策項目	対策事項
腰痛の発生に関与する要因の把握	利用者の要因、労働者の要因、福祉用具の状況、作業姿勢・動作の要因、組織体制、心理・社会的要因等
リスクの評価	具体的な介護・看護等の作業を想定した労働者の腰痛発生要因のリスクの見積もり等
リスクの回避・低減措置の検討及び実施	利用者の残存能力等の活用、福祉用具の利用、作業姿勢・動作の見直し、作業の実施体制、作業標準の策定、休憩・作業の組合せ、作業環境の整備、健康管理、労働衛生教育等
リスクの再評価、対策の見直し及び実施継続	定期的な職場巡視・聞き取り調査・健診・衛生委員会等を通じたリスクアセスメント体制の整備等

③社会福祉施設に係る労働災害防止対策

厚生労働省は、社会福祉事業における人材確保を図るために、平成19年８月に「社会福祉事業に従事する者の確保を図るための措置に関する基本的な指針」[15)]を公示している。この指針では、社会福祉事業に従事する者の確保のために「従事者が心身ともに充実して仕事ができるよう、より充実した健康診断を実施することはもとより、腰痛対策等の健康管理対策の推進を図ること」「利用者の自立を支援し、より質の高い福祉・介護サービスを提供する観点から、自助具を含む福祉用具や住環境の整備等の研究を行うとともに、その成果について普及を図ること」「従事者の負担を軽減する観点から、腰痛対策等に関する介護技術について、これまでの研究成果の評価・分析を行いつつ、より適正かつ実践的な技術の研究及び普及を図ること」としている。

また、平成23年7月に「第三次産業における労働災害防止対策の推進について[16)]」を公示しており、社会福祉施設に係る対策として「①安全衛生管理体制の確立、②業種別モデル安全衛生管理規程を活用した介護作業に係る労働災害防止対策の徹底、③「交通労働災害防止のためのガイドライン」に基づく対策の徹底、④転倒、墜落・転落災害の防止対策の徹底、⑤雇入れ時や作業内容変更時等における安全衛生教育の徹底、⑥「職場における腰痛予防対策指針」に基づく対策の徹底」を挙げている。

さらに、労働者の安全と健康を守り、労働災害を減らすことを目的として、昭和33年以来5か年計画を策定している。昨今では平成25年3月に「第12次労働災害防止計画[17)]」を公示しており、平成25年度から平成29年度までの5年間に実施すべき主な取り組みを示している。この計画において社会福祉施設（介護施設）を労働災害を減少させるための重点業種に位置付けており、平成24年と比較して平成29年度までに「労働災害による休業4日以上の死傷者の数を10％以上減少させる」と目標を掲げている。また、社会福祉施設に対する集中的取り組みとして「①雇入れ時教育に腰痛予防対策を盛り込むことの促進、②介護労働者の腰痛予防手法・教育の普及、③諸外国の状況等を踏まえた重量物取扱い業務に対する規制の導入の検討」を挙げている。

④中小企業労働環境向上助成金（個別中小企業助成）

厚生労働省は、介護労働者の身体的負担の軽減、賃金等処遇の向上、労働時間等の労働条件、職場環境の改善等の雇用管理の改善を総合的に進め、介護労働者の労働環境の向上を図った事業主を助成することを目的として、平成21年2月に「介護労働者設備等整備モデル奨励金」を適用している。平成23年4月には「介護労働者設備等整備モデル奨励金」の内容を一部変更し、名称も「介護労働者設備等導入奨励金」と改めている。さらに、平成24年4月からは「介護労働者設備等導入奨励金」の内容を拡充（これまでの介護関係の設備だけでなく「雇用管理改善に資する制度の導入」も助成対象）・変更し、名称も「介護労働環境向上奨励金」と改めており、労働環境の改善が見られた場合には「介護福祉機器等助成」として導入費用の1/2（上限300万円）を支給、雇用管理改善に繋がる制度等を導入し、一定の効果が得られた場合には「雇用管理制度等助成」として導入費用の1/2（上限100万円）を支給するとしている。

昨今では、平成25年6月から対象を中小企業事業主に限定し、対象メニュー、対象機器、支給額等を一部変更して「中小企業労働環境向上助成金（個別中小企業助成）」に移行している。

(2) 諸外国における腰痛予防対策

腰痛や頸肩腕症候群等の筋骨格性障害は、日本のみで社会問題化しているわけではない。世界的に腰痛有訴率は高値であり、諸外国もまた社会問題化している。そのため、諸外国では腰痛予防対策を国家プロジェクトとして取り組んでいる。

その一例として、イギリスでは、英国安全衛生庁（Health and Safety Executive：HSE）が「要介護者を決してマニュアル操作で持ち上げてはならない。（中略）適切な器具と備品を使用して、筋骨格系傷害のリスクを少なくすること」を要求している。アメリカでは、米国国立労働安全衛生研究所（National Institute for Occupational Safety and Health：NIOSH）が作業者の荷物持ち上げに関するガイドラインを策定し、腰椎への最大圧迫負荷の限界値は3,400N、重量物持ち上げの限界値は重量23kgとの基準を示している。米国労働安全衛生庁（Occupational Safety and Health Administration：OSHA）では「人力による入所者の移動はいかなる場合においても最小限にとどめ、可能であれば行わない」と公示している。他にも「介護施設向けガイドライン（Guidelines for Nursing Homes)」を作成し、統一したチームケアが展開できるようフローチャートやイラスト等を用いてわかりやすく示している。オーストラリアでは、豪州看護連盟ビクトリア州支部（Australia Nursing Federation：ANF）が「No Lifting Policy：手作業による患者の取り扱いは、可能な場合常に取り止めるか、最小限度に留めるべきである。リスクを減らすのに有益と考えられる場合には、必ず持ち上げ補助装置等の設備を使用すべきである。」を打ち出し、州政府が腰痛予防対策プロジェクトを立ち上げている。

表４　フランスにおける女性及び若年労働者の重量取扱い制限

年　齢	重量物の取り扱い制限
14 歳以上 15 歳未満	8kg
16 歳以上 17 歳未満	10kg
18 歳以上	25kg

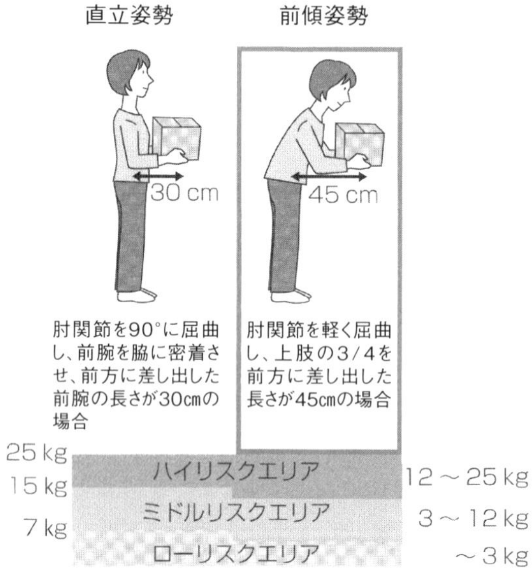

図５　ノルウェーにおける重量物取扱い制限（ノルウェー労働環境法）[19)一部改変]

その結果、介護・看護職の労働災害件数は 48％減少し、傷害による休職日数も 74％減少、労働者災害補償額も 54％削減できたと報告している。[18)]

他にも欧米諸国では、国によって多少異なるが１人で取り扱うことのできる重量を規制している。その一例として、ドイツでは、母性保護法（Gesetz zum Schutz der erwerbstätigen Mutter（Mutterschutzgesetz-MuSchG），§ 4：妊婦のためのその他の禁止事項）において、妊娠中又は授乳期の女性労働者の常時 5kgを超える人力のみの重量物を取り扱う作業（一時的な作業はの場合は 10kg）を禁止している。フランスでは、労働法典（Code du Travail, L234-6：女性及び若年労働者に対する特別規定）において、女性労働者及び各年齢層の一定重量以上の重量物の取扱いを禁止している（表４）。ノルウェーでは、人力のみの重量物取扱いの制限を25kgとしている。また、労働環境に関する省令で、身体と重量物との距離の違いによって重量物の取り扱い制限を示している[19]（図５）。

このように、諸外国では腰痛の発生要因である「人力のみによる持ち上げ作業の制限又は原則禁止」と「福祉用具の活用を推奨」といった、利用者のみならず介護労働者の保護も保障する法的対策を行っている。

5　持ち上げない移動・移乗技術

ここまで日本や諸外国の腰痛予防対策に関する制度について説明してきたが、次に、実際に介護者が行う移動・移乗技術について説明する。

(1) 持ち上げない移動・移乗技術の基本的考え方

介護者は、利用者を介助したり、機器・用具を操作したりする際、利用者･介護者双方がどのように身体を動かすことで心身ともに負担を軽減し、無駄な動作をせず効率よく、最小の労力で最大の効果を挙げられるかを常に考えなければならない。これらについて介護・看護分野の教育で広く普及している理論といえば「ボディメカニクス」である。ボディメカニクスとは「人間の身体の神経、骨格、関節、筋肉、内臓等の形態的な特性や筋力的な特性が関連し合って起こる姿勢や動作」のことで、バイオメカニクス的な理論による技術として使用されている。日本では、このボディメカニクスの理論が非常に重要視されており、生活支援技術の基本原則となっている。

ボディメカニクスは、人間工学的視点で見てもその効果は証明されている。しかし、いくらボディメカニクスを遵守していても、人力のみで介護を行うと不自然な姿勢をとらざるをえず、身体負担の許容範囲を超えることになりかねない。つまり、ボディメカニクスに併せて、人力のみで介護を行わないようにしなければ腰痛予防対策にはならない。また、Per

Halvor Lunde[19]が人力のみの介護＝持ち上げ技術（リフティング）は「①長時間利用者を受身にさせ、非活動的にさせる、②利用者に不快感を与え、介助者・利用者双方に危険を伴う、③対象者の体重によって作業に制限を設けなければならない、④最も力を使う解決策である、⑤人間の自然な身体の動きをまったく使わず、過去に経験のない動きを要求される」と述べているように、利用者・介護者双方にとって多くの問題が存在する。逆に、持ち上げない移動・移乗技術には「①利用者の活動を活性化する、②介助者の腰痛の負担が軽減する、③腰痛等の原因とする長期休職者を減少させる」といった効果があると述べている[20]。

したがって、介護者は、人力のみの介護を行わない（持ち上げない）移動・移乗技術の理念と技術を習得する必要がある。そのためには、不自然な姿勢をとらず、利用者の自然な身体の動きを理解し、その日その時で変わる利用者の状態を把握し、それらに合わせて福祉用具を活用することが重要となる。

(2) 持ち上げない移動・移乗技術におけるアセスメント

持ち上げない移動・移乗技術には、利用者の身体状態だけでなく、精神的状態、環境・物理的作用等、また、作業に伴うリスクアセスメント等、総合的な視点から正確にアセスメントすることが重要である。

以下に、持ち上げない移動・移乗技術を実施するにあたってのアセスメント視点を示す。

アセスメント視点	観察ポイント
①利用者の状況と能力を確認する	・健康状態（疾患、外傷（褥瘡）、変調、ストレス状態等）はどうか ・心身機能・身体構造の状態（麻痺、拘縮、認知機能等の有無や部位、程度等）はどうか ・体格、性別、年齢はどうか
②移動（移乗）方向と距離、周囲環境を確認する	・移動先までの方向と距離はどの程度か ・物的、人的環境（広さ、高さ、強度、福祉用具、協力者の有無や能力等）はどうか

アセスメント視点	観察ポイント
③利用者の「自然な動き」を活用する	・どのような動きが自然な動きか ・どの程度自然な動きが行えるか
④「荷重」と「摩擦」を把握する	・活用できる力源はどこか ・動作に支障を来す摩擦の部位と程度はどうか（どの程度自力で摩擦を除去できるか） ・移動・移乗関連福祉用具は利用者やベッドに適用できるか
⑤利用者の積極的な参加を促す	・意思疎通はとれるか ・意欲はあるか

(3) 持ち上げない移動・移乗技術の方法

介護を行う際は、「改訂腰痛予防対策指針」に則ったうえで、以下の留意事項を念頭に、安全・安楽な移動・移乗技術に努める。

①利用者への挨拶、説明、承諾、協力を得る。
②利用者の心身状態や残存機能を適切に把握する。
③利用者の自然な動きに従い、状況に応じて介助を行う（利用者のリズムに合わせる）。
④不自然な姿勢をとらない。
⑤原則として持ち上げない（持ち上げる必要がある場合は、福祉用具を積極的且つ適切に使用する。やむを得ず人力のみで行う場合は、複数で行う）。
⑥強い力を加えない。
⑦バランスを維持する。

【上方・水平への移動技術】

①動作時に必要となる力源を確保する（介護者が手で押さえる、滑り止めを敷く等）。

②動作に支障を来す摩擦発生部位を最小限にするため、身体を小さくまとめる。

③摩擦発生部位に滑りやすい布（以下、スライディングシート）を敷き込む。スライディングシートは、摩擦発生部位の広さに合わせて選定する。

・スライディングシートは二重構造にすると摩擦係数をより軽減させることができるため、シートタイプを二つ折りにしたり、筒状に作られたローリングタイプを使用する。

・スライディングシートを上半身にのみ敷き込む際、利用者が自力で頭部を挙げたり肩を挙げたりできるのであれば､頭部から敷き込めるが、困難な場合や全身に敷き込む場合には側臥位にして敷き込む。シートタイプを二つ折りにして使用する時には、介護者と反対側が輪になるように敷き込んだ方が後で外しやすい。

注）**スライディングシート（スライディングマット）／スライディングボード**
滑りやすい素材でできており、移動・移乗の際に生じる摩擦を軽減させ、円滑な移動・移乗を実現する福祉用具である。厚生労働大臣が定める福祉用具貸与に係る福祉用具の中の「特殊寝台付属品」の品目として認められている。

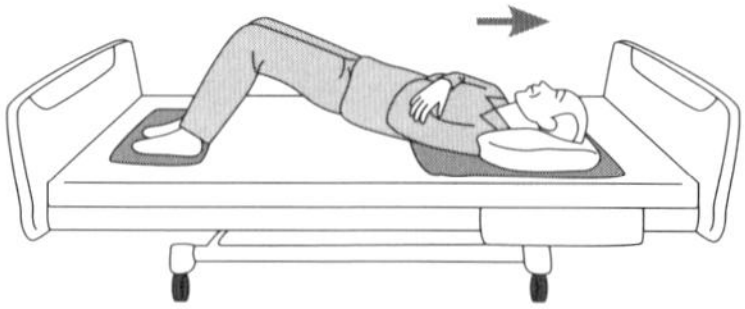

[膝を曲げて、自力でヒップアップ出来る人の場合]
足底部に滑り止めを敷き、足底部以外のベッドとの接地面（移動時に支障となる部位の下）にスライディングシートを敷き込み、利用者に足底でベッドを押してもらい、滑るように上方に移動してもらう。

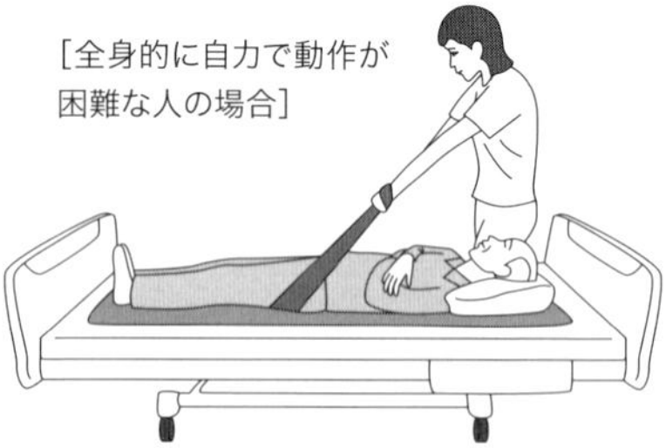

[全身的に自力で動作が困難な人の場合]
スライディングシートを全身に敷き込み、介護者が前傾姿勢にならずにすむよう、ヒップベルト等を殿部にひっかけ、滑るように上方に引く。

図６　スライディングシート等を活用した上方移動技術[20)一部改変]

④残存能力を活用して移動するよう促す。自力で動作が困難な部位は介助する。上方移動の場合は、前傾姿勢にならずにすむとともに、面で支えられるようヒップベルト等（バスタオルやさらし布等で代用可）を使用し、持ち上げず滑るように上方に引く。水平方向に移動する場合は、骨格がしっかりしている部位（肩関節や骨盤等）を移動方向に押し（又は引き）、少しずつ移動する。

⑤移動できたら、スライディングシートを抜き取る。

・スライディングシートを身体の凹面部位から凸面部位に向けてまとめる。

・骨格がしっかりしている部位を軽く押さえ、スライディングシートの下側のシート（ベッドと接地している側のシート）を何回かに分けて引き抜く（一気に引き抜かない）。

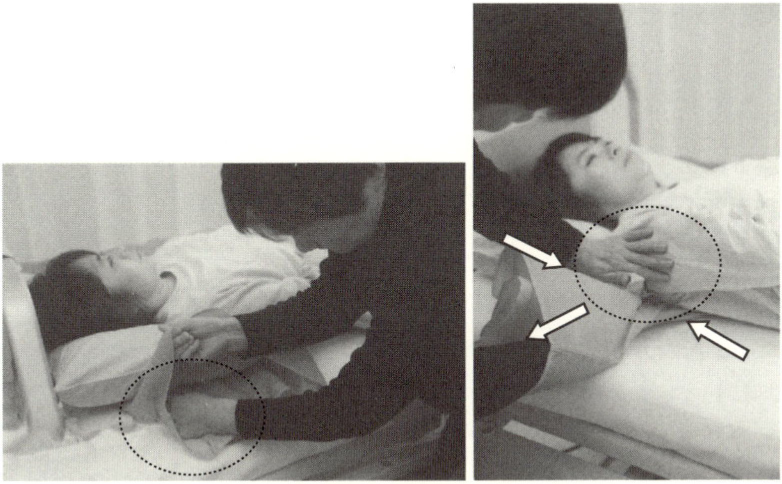

図７　スライディングシートの抜き方[21)一部改変]

【仰臥位→側臥位（寝返り）への移動技術】

①【上方・水平への移動技術】①②③と同様。

②顔を寝返る側に向けるよう促す。自力で困難な場合は介助する。

③骨盤を寝返る側に起こすよう促す。自力で困難な場合は介助する。介助の際は、利用者の骨盤を両手で挟むよう把持し、下になる側の手を奥に滑らせ､上になる側の手を手前に引き､骨盤がスライディングシートの上で回転しやすいよう介助する。※一気に回転させない。

④肩部を寝返る側に起こするよう促す。自力で困難な場合は介助する。介助の際は、両肩を挟むよう把持し、骨盤と同様、下になる側の手を奥に滑らせ､上になる側の手を手前に引き､肩部がスライディングシートの上で回転しやすいよう介助する。※一気に回転させない。

⑤上記③と④を繰り返し、徐々に側臥位へ誘導する。

⑥殿部を少し後方に引くよう促す（支持基底面積を広くする)。自力で困難な場合は介助する。介助の際は、利用者の下側の肩部を支点として、弧を描くよう利用者の大腿部を押す。

⑦移動できたら、スライディングシートを抜き取る。

・スライディングシートを身体の凹面部位から凸面部位に向けてまとめる。

・骨格がしっかりしている部位を軽く押さえ、スライディングシートの下側のシート（ベッドと接地している側のシート）を何回かに分けて引き抜く（一気に引き抜かない)。

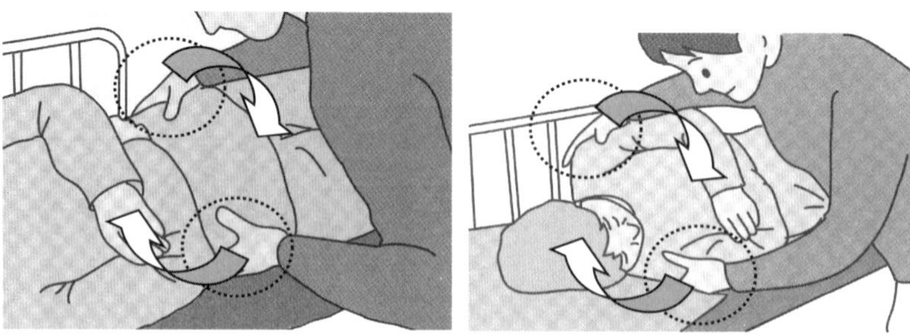

利用者の両骨盤を把握しシートの上を滑るように骨盤を回転させる　利用者の両肩関節を把握し、シートの上を滑るように上半身を回転させる

図８　寝返るための介助方法[21)一部改変]

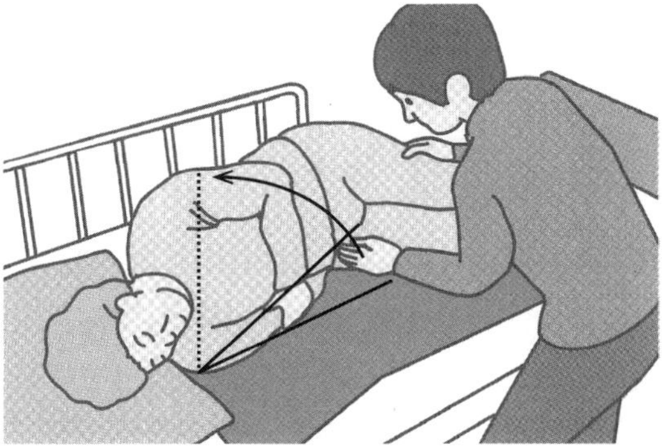

下側の肩部を支点として大腿部を押し、利用者の支持基底面積を広くする（側臥位の安定を図る）。

図９　姿勢を安定させるための介助方法[21)一部改変]

【ベッド・車いす間の移乗技術】

①椅子や車いすのフットサポートとベッド側のアームサポートを取り外し（跳ね上げ)、できるだけベッドに近づけ、ブレーキをかける。

②移乗先の高さがやや低くなるよう調整する。この時、利用者の足底がしっかり床に着くことを前提とする。着かない場合は足台等を準備する。

③端座位の利用者の殿部を移乗方向側に向ける。

④移乗方向と反対側に利用者の体幹を傾ける。

⑤傾けて浮いた側の殿部から大腿部の下にスライディングボードを差し込む。スライディングボードは、利用者の体格や移乗距離に合わせて選定する。

⑥利用者の両足を揃え、体幹を支える。

⑦移動方向に利用者の体幹を傾け、スライディングボードの上を滑るように骨盤を押す。

⑧深く座れていない場合、利用者の体幹を移乗した側と反対側（スライディングボード側）に傾け、スライディングボードの上を滑るように骨盤を押す。

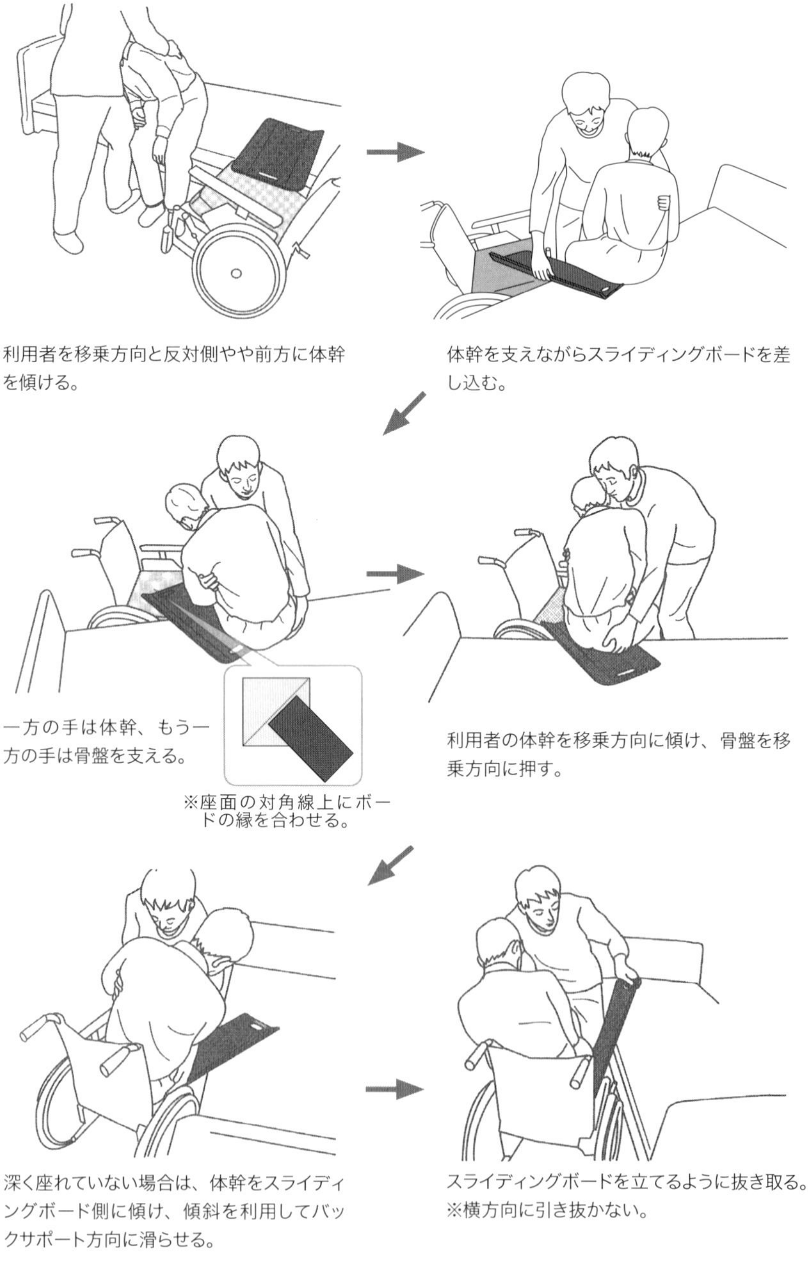
利用者を移乗方向と反対側やや前方に体幹を傾ける。
体幹を支えながらスライディングボードを差し込む。
一方の手は体幹、もう一方の手は骨盤を支える。
※座面の対角線上にボードの縁を合わせる。
利用者の体幹を移乗方向に傾け、骨盤を移乗方向に押す。
深く座れていない場合は、体幹をスライディングボード側に傾け、傾斜を利用してバックサポート方向に滑らせる。
スライディングボードを立てるように抜き取る。
※横方向に引き抜かない。

図10　スライディングボードの差し込み方・抜き方 20)一部改変

⑨スライディングボードは立てるようにして抜き取る。

※アームサポートやフットサポートが取り外せない（跳ね上げできない）車いすではスライディングボードの適用が困難なため、車いす等の購入や貸与の際は、アームサポートやフットサポートが取り外せる（跳ね上げできる）タイプを選定する。

【リフトを活用した車いすからベッドへの移乗技術】

車いす座位からベッド臥位の場合（図 11）

①利用者を前傾姿勢にし、吊具を背中から座面まで差し込む（吊具の中央が背骨のラインと一致するように合わせる）。吊具は、サイズ・身体機能、使用目的、介助者の能力、作業手順、リフトの機種等に合わせて選定する。

②一方の手で脚部ストラップの下を持ち、もう一方の手で利用者の大転子周囲を押さえながら、ストラップを軽く引く（吊具の下端が殿部から大腿部の下に入るようにする）。

③脚部ストラップを利用者の大腿部の下にくぐらせ、股の間から出して大腿部の上に広げておく。

④左右同様にし、左右同じ長さであることを確認して片方をもう一方のストラップの中にくぐらせて交差させる。

⑤背部、脚部（計４本）のストラップをそれぞれのハンガーフックにかける（図 13 参照）。

⑥少しずつ吊り上げ、完全に吊り上げる前に吊具のしわを伸ばす。利用者の身体が浮き上がったら、利用者の肩甲骨と吊具のあいだ、大腿部と吊具のあいだに手を入れて各部位の圧迫を除去する。

⑦ベッドの背を上げ、両足をベッド上に着床してもらう。

⑧足が着床したら、背中側がベッドに着くよう誘導しながら降ろす。

⑨ハンガーのフックからストラップを外す。

⑩ベッドを水平にして利用者を側臥位にし、吊具を身体の下に巻き込む。

⑪⑩と反対側の側臥位にし、吊具を引き出して外す。

①利用者を前傾姿勢にし、吊具の下端が仙骨部に当たるよう差し込む。

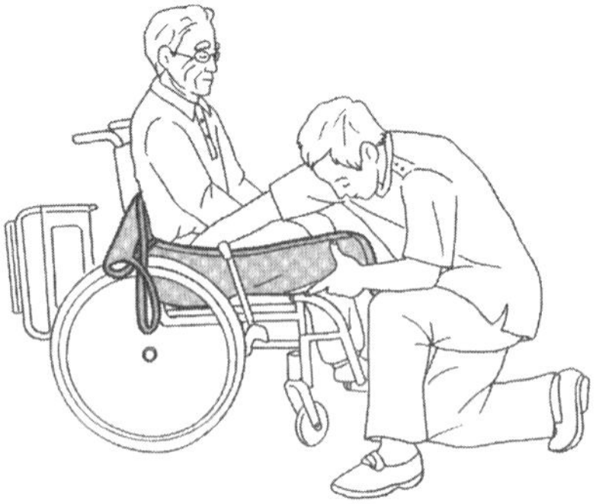

③吊具が利用者の殿部から大腿部を覆うように入れ込み、股の間から出しておく。

もう一方も同様に入れ込む。

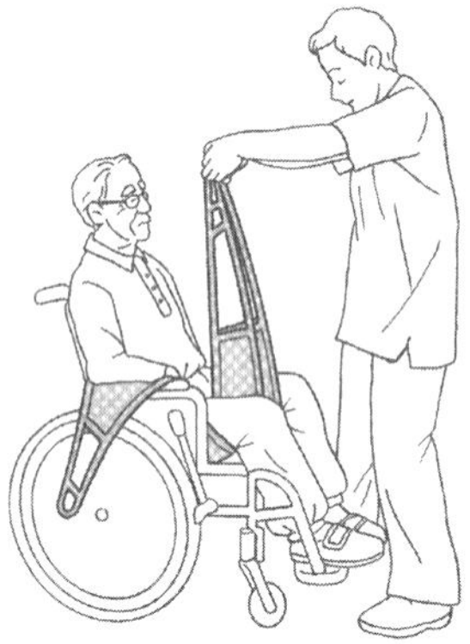

④脚部ストラップが左右同じ長さになっていることを確認する。

④脚部ストラップの片方をもう一方のストラップの中にくぐらせる（交差させる）。

図 11　車いす座位からの吊具の着け方[20)]

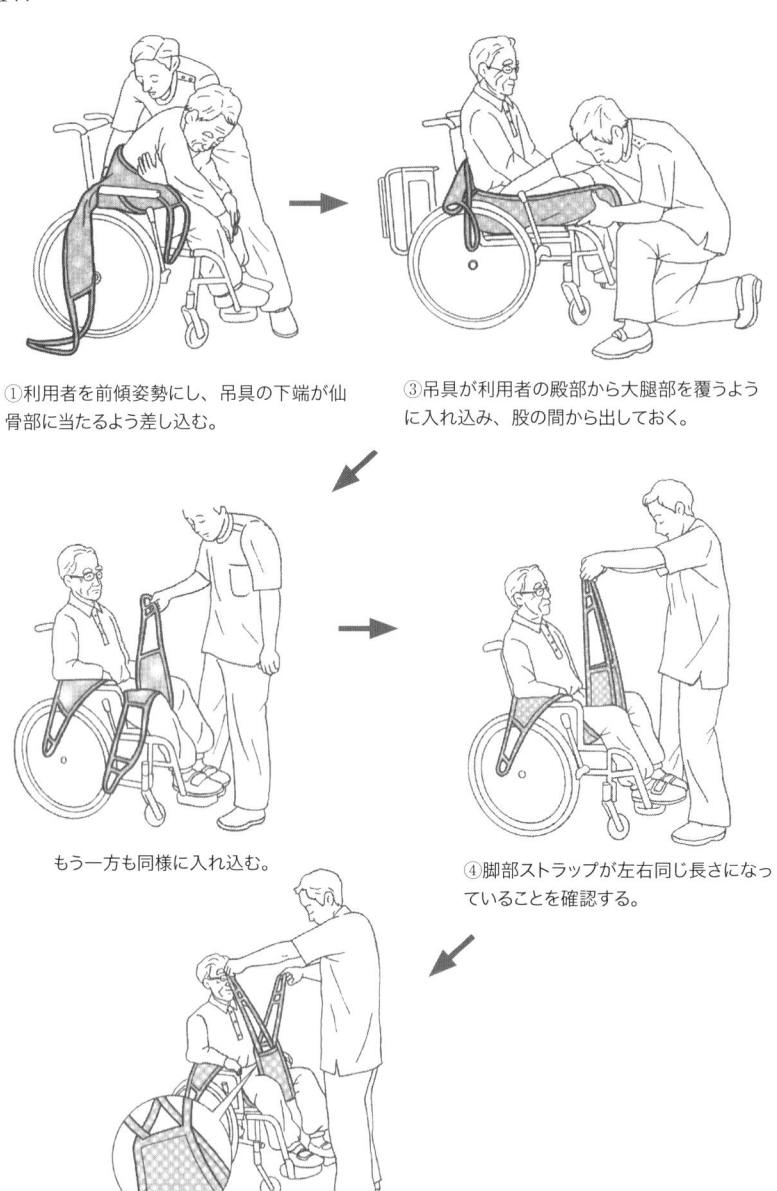

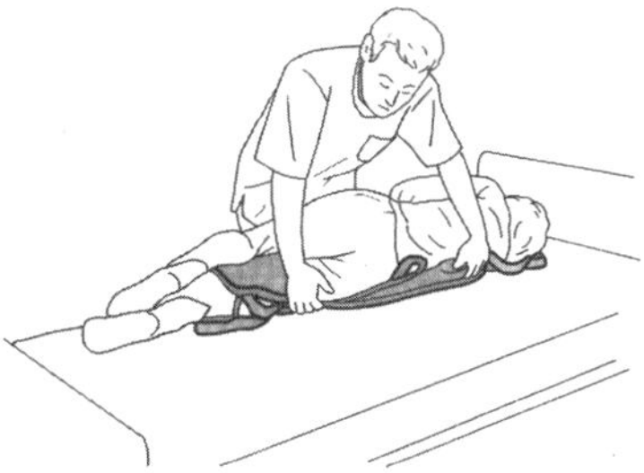

側臥位にし、吊具を身体の下に巻き込む

図 12　ベッド上の吊具の抜き方[20)]

【リフトを活用した車いすへの着座技術】

車いすに着座する際は、正確な姿勢で着座できるよう介助する。一度降ろしてから人の手で姿勢を修正することのないようにする。正しい姿勢に着座できなかった場合は、再度吊り上げてやり直す。

利用者の背中側から介助する方法（図 13）

①車いすのブレーキをかけ、フットサポートを外す（跳ね上げる）。

②リフトの操作スイッチを持ち、利用者が揺れないよう支えながら下降ボタンを押し、降ろしていく。

③座面まで 10㎝程度まで降ろしたら、一方の手はリフトの操作スイッチを持ち、もう一方の手で吊具の背面中央の取っ手を上に引き上げ、座面まで降ろしていく。その時、利用者の背中がバックサポートに沿って滑り降りるよう降ろしていく（引き上げることによって、殿部がバックサポート側に動き、深く着座することができる）。

※他にも、①から③の手順で行った後、深く座れるよう車いすのキャスターを上げ、利用者の背中がバックサポートに沿って滑り降ろしていく方法もある。

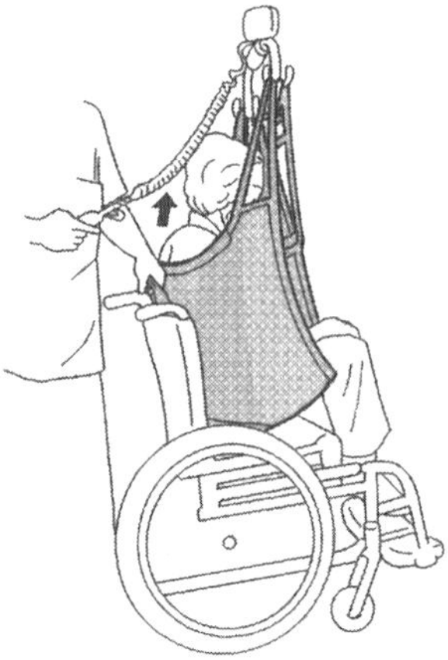

吊具に取っ手がついている場合は、取っ手を引き上げながら、利用者の背中が車いすのバックサポートに沿って滑り降りるように降ろしていく。

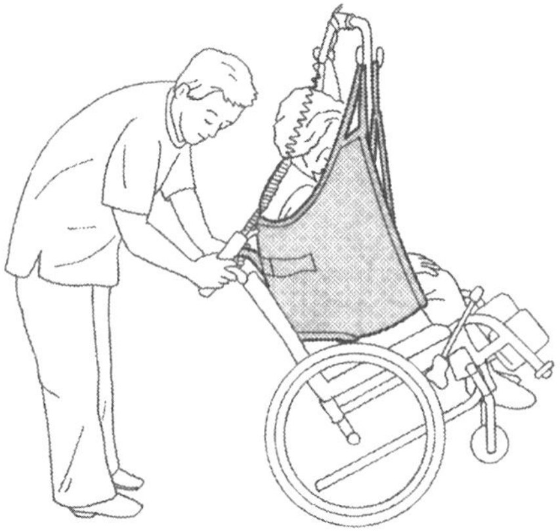

キャスターを上げ、利用者の背中が車いすのバックサポートに沿って滑り降りるように降ろしていく。

図 13　利用者の背中側から介助する方法[20)]

利用者の正面から介助する方法

（利用者の膝関節又は股関節に問題がない場合に限る）

①車いすのブレーキをかけ、フットサポートを外す（跳ね上げる）。

②座面まで 10㎝程度まで降ろしたら、一方の手はリフトの操作スイッチを持ち、両手を利用者の膝に当てる。

③利用者の膝を前方（利用者にとって後方）に押しながら、降ろしていく（車いすのキャスターが上がる程度まで膝を押すと、深く着座することができる）。

④着座するにつれ、車いすのキャスターを降ろしていく（膝を押す力を緩める）。

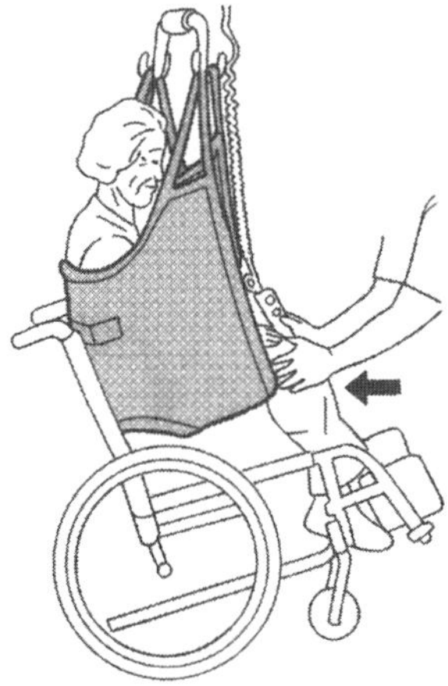

両膝を前方から押す

図14　利用者の正面から介助する方法[20]

【車いす座位からの吊具の外し方】

①吊具の交差を解き、大腿部の下を通して外し、そのままバックサポート側に軽く引く。

②反対側も同様にし、利用者を前傾姿勢にし、吊具を上方に引き抜く。

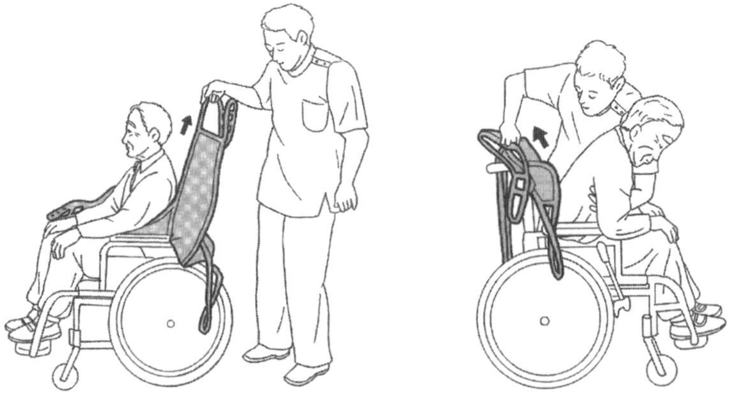

①脚部ストラップを背部側に引き上げる
②利用者を前傾姿勢にし、吊具を上方に引き抜く

図15　車いす座位からの吊具の外し方[20]

[引用文献]

1） 厚生労働省労働基準局安全衛生部労働衛生課，業務上疾病発生状況等調査（平成 23 年），2013/05/20 参照.
http://www.mhlw.go.jp/bunya/roudoukijun/anzeneisei11/h23.html

2） 厚生労働省労働基準局安全衛生部労働衛生課，業務上疾病発生状況等調査（平成 16 年），2013/05/20 参照.
http://www.mhlw.go.jp/bunya/roudoukijun/anzeneisei11/h16.html

3） 厚生労働省労働基準局安全衛生部労働衛生課，業務上疾病発生状況等調査（平成 17 年），2013/05/20 参照.
http://www.mhlw.go.jp/bunya/roudoukijun/anzeneisei11/h17.html

4） 厚生労働省労働基準局安全衛生部労働衛生課，業務上疾病発生状況等調査（平成 18 年），2013/05/20 参照.
http://www.mhlw.go.jp/bunya/roudoukijun/anzeneisei11/h18.html

5） 厚生労働省労働基準局安全衛生部労働衛生課，業務上疾病発生状況等調査（平成 19 年），2013/05/20 参照.
http://www.mhlw.go.jp/bunya/roudoukijun/anzeneisei11/02.html

6）厚生労働省労働基準局安全衛生部労働衛生課，業務上疾病発生状況等調査（平成 20 年），2013/05/20 参照.
http://www.mhlw.go.jp/bunya/roudoukijun/anzeneisei11/h20.html

7）厚生労働省労働基準局安全衛生部労働衛生課，業務上疾病発生状況等調査（平成 21 年），2013/05/20 参照.
http://www.mhlw.go.jp/bunya/roudoukijun/anzeneisei11/h21.html

8）厚生労働省労働基準局安全衛生部労働衛生課，業務上疾病発生状況等調査（平成 22 年），2013/05/20 参照.
http://www.mhlw.go.jp/bunya/roudoukijun/anzeneisei11/h22.html

9）労働省労働衛生課編（1996）職場における腰痛予防対策マニュアル 腰痛予防管理者用労働衛生教育テキスト．中央労働災害防止協会.

10）Nachemson Alf L（1976）The lumbar spine, An orthopedic change. Spine, 1, 59-71.

11）Stuart McGill（2005）LOW BACK Disorders　Evidence-Based Prevention and Rehabilitation．吉澤英造・大谷清・才藤栄一訳，NAP．

12）熊谷信二他（2005）高齢者介護施設における介護労働者の腰部負担．産業衛生学雑誌，47（4），131-138．

13）厚生省，職場における腰痛予防対策指針（平成 6 年 9 月 6 日付け基発第 547 号）．

14）厚生労働省労働基準局安全衛生部労働衛生課，職場における腰痛予防の取組を！～ 19 年ぶりに「職場における腰痛予防対策指針」を改訂～，2013/06/18 参照，http://www.mhlw.go.jp/stf/houdou/youtsuushishin.html

15）厚生労働省，社会福祉事業に従事する者の確保を図るための措置に関する基本的な指針（平成 19 年厚生労働省告示第 289 号）．

16）厚生労働省労働基準局安全衛生部，第三次産業における労働災害防止対策の推進について（基安発 0714 第 2 号）．

17）厚生労働省労働基準局安全衛生部計画課，第 12 次労働災害防止計画（平成 25 年 3 月 8 日）．

18）VNBIPP Advisory Committee（2002）The Victorian Nurses Back Injury Prevention Project Evaluation Report 2002，Victorian Government Department of Human Services，2013/05/20 参照，http://www.health.vic.gov.au/__data/assets/pdf_file/0009/17676/vnbippreport.pdf#search='The+Victorian+Nurses+Back+Injury+Prevention+Project+Evaluation+Report+2002'

19）移動・移乗技術研究会編（2012）今日から実践！“持ち上げない”移動・移乗技術．中央法規出版．

20）市川洌監修（2007）高齢者・障害者の生活をささえる福祉機器Ⅰ 新版改訂．財団法人東京都高齢者研究・福祉振興財団．

21）関根良子（2013）実践！持ち上げない移動・移乗の介助 ベッド上で横に移動する・ベッドの中央で寝返る．中央法規出版，おはよう 21，3，52-55．

[参考文献]

一番ヶ瀬康子（1994）一番ヶ瀬康子社会福祉著作集 第一巻 社会福祉とはなにか．労働旬報社．

市川洌他（2010）福祉用具の選び方・使い方PART1「ベッド・移乗編」．日本工業出版．

窪田静総監修（2008）生活を広げる環境整備“福祉用具”の使い方．コミュニティケア（5）臨時増刊号，日本看護協会出版．

小池純子編（2007）介護福祉用具実践マニュアル．Monthly Book Medical Rehabilitation，77，全日本病院出版会．

厚生労働省雇用均等・児童家庭局職業家庭両立課，母性保護に係る専門家会合報告書，2013/05/20参照，http://www.mhlw.go.jp/stf/houdou/2r9852000001y0cl.html

厚生労働省・中央労働災害防止協会，社会福祉施設における安全衛生対策マニュアル ～腰痛対策とKY活動～，2013/05/20参照，http://www.mhlw.go.jp/new-info/kobetu/roudou/gyousei/anzen/0911-1.html

独立行政法人労働安全衛生総合研究所 介護者のための腰痛マニュアル，2013/05/20参照，http://www.jniosh.go.jp/results/2007/0621/

第10章 高齢知的障害者への支援と介護

わが国は諸外国には例を見ないスピードで高齢化が進み、高齢化に伴うさまざまな問題や課題が表面化してきた。超高齢社会を目前に、2000年には介護保険法が施行され、在宅福祉を支えるサービスやシステムの整備、「措置」から「契約制度」への転換により高齢者福祉の概念や介護の考え方にも変化をあたえ、この10年余りのあいだに急速な発展をみせている。

障害者における高齢化も同様の経過をたどっている。だが、これまで身体障害者福祉において介護の問題が取り上げられることがあっても、知的障害者福祉の分野においては高齢化と併せて介護の問題が意識されることはあまりなかった。しかし、知的障害者入所施設で暮らす60歳以上の比率が、1985年には2.3%だったものが、1999年には8.8%と急増し、2000年の「知的障害者の高齢化対応検討会報告書」ではこうした高齢化する知的障害者への支援の課題が指摘されている。なお、2009年には入所施設の60歳以上の比率は19.5%となり現在も高齢化が急速に進んでいる状況にある。

一般的に65歳以上を高齢者の基準としているが、知的障害者は、一律的ではないが早期に老化の傾向が出現するといわれている。障害と加齢による老化現象の重複化によって、身体介護等の必要性が今後も増大することは明らかであり、こうした高齢化の確実な進行とともに、入所施設で暮らす利用者への対応や地域で暮らす生活支援のあり方が大きな課題となっている。

本章では、高齢知的障害者の支援において介護が必要とされている現状から、特に壮年期から高齢期の生活、これまでの知的障害者支援に併せて介護の概念をいかにして用いるのかを考える。

1　知的障害者の加齢に伴う問題

(1)　知的障害者の高齢化の実態

知的障害者への支援では、「知的障害」がどのような障害なのかという、障害の概念と特徴を理解することが必要である。日本の知的障害者福祉の基本となる知的障害者福祉法や障害者基本法には、これまで知的障害を規定することが難しいという理由から明確な定義づけはなされてこなかった。知的障害を定義づける一つの概念規定として、1990年に当時の厚生省が実施した精神薄弱児（者）福祉対策基礎調査で示された、『知的機能の障害が発達期（おおむね18歳まで）にあらわれ、日常生活に支障が生

表1　知的障害児（者）数の推計

		総数	在宅	施設入所
平成17年	総数	547,000（100.0）	419,000（100.0）	128,000（100.0）
	18歳未満	125,300（22.9）	117,300（28.9）	8,000（6.3）
	18歳以上	409,600（74.9）	289,600（69.1）	120,000（93.7）
	不詳	12,100（2.2）	12,100（2.9）	—（—）
平成7年	総数	413,000（100.0）	297,100（100.0）	115,900（100.0）
	18歳未満	96,300（23.3）	85,600（28.8）	10,700（9.2）
	18歳以上	300,500（72.8）	195,300（65.7）	105,200（90.8）
	不詳	16,200（3.9）	16,200（5.5）	—（—）
平成2年	総数	385,100（100.0）	283,800（100.0）	101,300（100.0）
	18歳未満	115,100（29.9）	100,000（35.2）	15,100（14.9）
	18歳以上	254,400（66.1）	168,200（59.3）	86,200（85.1）
	（再掲60歳以上）	14,000（3.6）	11,600（4.1）	2,400（2.4）
	不詳	15,700（4.1）	15,700（5,5）	—（—）

※在宅は、調査結果による。施設入所は、社会福祉施設等調査（平成2年10月1日・平成7年10月1日・平成17年10月1日）等による。
出所：厚生省「精神薄弱児（者）基礎調査」（平成2年）（平成7年）・厚生労働省「知的障害児（者）基礎調査」（平成17年）を基に作成。

じるため、何らかの特別の援助を必要とする状態にあるもの』が一般的に用いられている。

2007年に厚生労働省が発表した「平成17年度知的障害児（者）基礎調査の概要」の報告（表1）によると、わが国の知的障害児（者）の動態と動向から総数は、約54万7000人と推計されている。調査結果によると在宅生活をしている知的障害児（者）は、41万9000人（76.6%）で、施設で生活をしている知的障害児（者）数は、12万8000人（23.4%）（社会福祉施設調査2005年11月現在）である。その内、18歳以上の内訳は、在宅者が28万9600人（70.6%）、施設利用者が12万人（29.4%）であることから知的障害者の生活拠点は圧倒的に地域であることが理解できる。

しかし、施設入所に関しては身体障害児（者）が全体の2.4%、精神障害者が全体の8.7%に比べて、知的障害児（者）は全体の29.4%と割合が高く、いわゆる三障害のなかでは施設入所による支援が多いことが特徴である。

日本知的障害者福祉協会による「平成21年度全国知的障害児者施設・

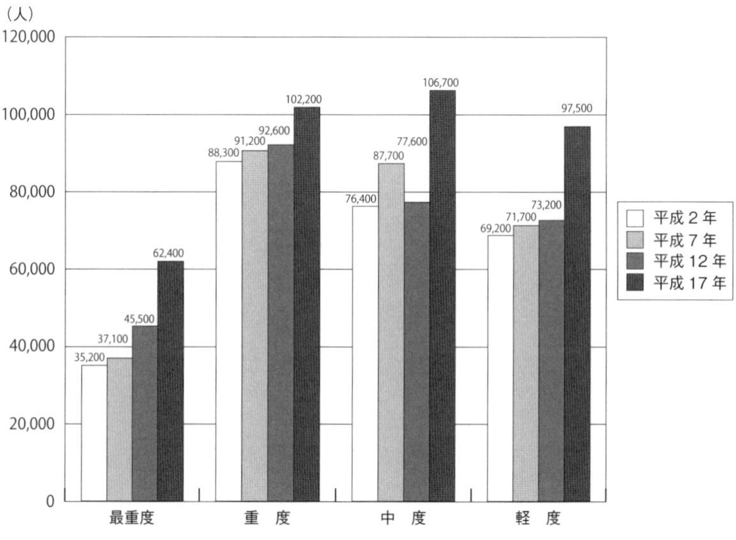

図1　障害の程度別にみた知的障害児（者）数の推移（在宅）（推計）

事業実態調査報告書」では、入所更生、入所授産、施設入所支援利用者のうち、60歳以上の利用者は19.5%という結果が示されており、はじめに述べたようにこの数年で入所施設利用者の高齢化が急速に進んでいる。さらに、近年では利用者は重度化の傾向があり（図1)、多くの知的障害

表2　知的障害者入所施設での老化の問題

	更生入所	授産入所	通勤寮	福祉ホーム	更生通所	授産通所	計
老化が問題となっている	77.9%	68.8%	19.4%	23.4%	22.8%	30.8%	47.1%
老化は問題となっていない	19.6%	27.8%	73.1%	63.8%	67.5%	61.7%	46.9%
施設数	1,155	176	18	47	649	1,208	3,343

出所：日本知的障害者福祉協会「平成16年度知的障害児・者施設実態調査」

表3　高齢化・老化が問題となっている人への対応で苦慮している事情

（施設数、カッコ内は%）

	更生入所	授産入所	通勤寮	福祉ホーム	更生通所	授産通所	計
1. 日常生活行動における援助・介助	557 (78.2)	67 (60.9)	10 (43.5)	4 (66.7)	52 (78.8)	116 (63.4)	806 (73.3)
2. リハビリテーション	171 (24.0)	12 (10.9)	0 —	0 —	8 (12.1)	21 (11.5)	212 (19.3)
3. こころのケア	188 (26.4)	27 (24.5)	9 (39.1)	1 (16.7)	20 (30.3)	57 (31.1)	302 (27.5)
4. 活動（クラブ、趣味等）	196 (27.5)	20 (18.2)	5 (21.7)	1 (16.7)	20 (30.3)	44 (24.0)	286 (26.0)
5. 保健・医療ケア	490 (68.8)	70 (63.6)	12 (52.2)	3 (50.0)	39 (59.1)	100 (54.6)	714 (64.9)
6. 建物・設備	328 (46.1)	48 (43.6)	3 (13.0)	1 (16.7)	12 (18.2)	28 (15.3)	420 (38.2)
7. その他	25 (3.5)	17 (15.5)	10 (43.5)	2 (33.3)	10 (15.2)	28 (15.3)	92 (8.4)
8. 老化・高齢化が問題となっている施設数	712 (100)	110 (100)	23 (100)	6 (100)	66 (100)	183 (100)	1,100 (100)

出所：財団法人日本知的障害者愛護協会調査研究委員会「平成10年度全国知的障害者施設実態調査報告書」

者入所施設では入所者の加齢による問題を抱えている現状にある（表 2）。利用者の高齢化が進むなかで、日々の支援においてその対応で苦慮している事項を示したものが（表 3）である。入所施設では、「日常生活行動における援助・介助」「保健・医療ケア」「建物・設備」が上位の課題として挙げられている。

(2) 高齢知的障害者の健康問題

表 4 は、毎日の生活の中で、高齢知的障害者の健康に留意しなければならない事項の全体に占める割合を示したものである。これらの調査を通して今村（2007）[1] は、後期高齢期を迎えても、なお 4 割の人が比較的元気であるが、定期的に投薬を受けている人も 6 割になり、健康プログラムを考える必要があると指摘している。

また、加齢に伴って疾患の割合が高くなったのは、高血圧、脳血管障害、心疾患、胃腸の疾患、白内障であったが、特に胃腸炎の潰瘍、高血圧に留意しなければならないと指摘している。一般的に高齢期に多く見られる障害に関して知的障害者も同様に加齢に従って増加し、嚥下障害、麻痺、聴覚の障害に留意し、歩行障害は特別養護老人ホーム等の入居者同様に 75 歳以降になると半数が歩行障害をもち、高齢期のケアでは青壮年期とは異なり、骨粗鬆症や消化器、循環器等の退行に注意しなければならない。実

表 4　健康に留意を要する高齢的知的障害者の割合

	極めて元気	時に風邪をひく程度	やや病弱	定期的に診察・服薬	寝たり，起きたり	ほとんど寝たきり	計
40 ～ 64 歳	16.70%	30.7	2.6	48.7	0.9	0.4	100%（1,399 人）
65 ～ 74 歳	10.6	26.5	3.5	57.7	1.0	0.7	100%（688 人）
75 歳以上	11.6	27.1	3.9	55.0	1.6	0.8	100%（129 人）
全　体	14.5	29.7	3.0	51.9	0.9	0.5	2,216 人

出所：平成 12 年厚生科学研究、今村の報告より「高齢知的障害者の援助・介護マニュアル」9.11

際には、排泄、入浴、着衣、移動などに介護を要する利用者も増加しており、そのほとんど（3分の2）が服薬に介護を必要としている点で、医療的ケアと介護の視点を日常の支援においてこれまで以上に重視しなくてはならないと報告している。

このように、知的障害者の加齢に伴う健康面へのケア、あるいは日々の健康管理にはさまざまな配慮が求められるが、それらを妨げている要因もある。高橋（1992）[2)] は、施設利用者の健康管理の問題点として、①大多数が健康面に問題を抱えて生活している、②合併障害（脳性麻痺、先天性心疾患、自閉症など）が多数に認められるにもかかわらず、必要な定期健診・評価が行われていない、③本人からの主訴が少なく表現に的確さを欠くため、病気の治療や発見が遅れがちである、④治療は対症療法が中心で完治しないまま中断される傾向にある、⑤向精神薬の定期服薬者の割合が高いが、定期健診を怠りがちである、⑥口腔衛生状態がきわめて悪い、⑦家族の保健・医療問題への関心は低く、病気（ことに慢性疾患）の治療意欲に欠けている、⑧死因は不慮の死が多く、高齢化に伴い癌や循環器疾患による死亡の増加が予想されると指摘している。

多くの高齢知的障害者の生活の場は、施設ではなく在宅が中心である。自己の身体の細かな変化を表現したり、不調を訴えることが難しい知的障害者の健康面の変調を察知することができるように、日常的な地域生活支援を構築していくのかは今後の大きな課題である。今日、障害者の地域移行が強調されるなかで、施設と保健機関との連携した健康管理のサポートの充実はより重要さを増している。

2　知的障害者と身体障害を伴う利用者の高齢化における介護の課題

（1）施設職員の介護・支援に対する意識の問題

2006年に施行された障害者自立支援法は、障害者福祉サービスの実施主体を、最も身近な市町村を基本とする仕組みへと統一し、従来、身体障害者、知的障害者、精神障害者という障害種別ごとに分かれていた制度を一元化した。さらに、利用者本位のサービス体系の再編と共に、障害者に対するサービスの計画的な整備や就労支援の強化、地域生活支援への移行等の推進を打ち出した。障害者自立支援法は、利用者負担の問題や障害程度区分判定の曖昧さなど多くの問題が指摘されているが、これまでの障害者福祉に対する支援の概念を大きく変えたものも事実である。2013（平成25）年 4 月からは障害者総合支援法となり、施設やそこで働く支援者には、支援目標を明確にした見通しのある支援、利用者本位、自立支援、ノーマライゼーション等の意識への変革が強く求められている。

例えば、これまで知的障害者更生施設の目的は、知的障害者福祉法第 21 条の 6 に「18 歳以上の知的障害者を入所させて、これを保護するとともに、その更生に必要な指導及び訓練を行う」と規定されていた。従来、施設では「自立更生」を目指し、「保護」「指導」「訓練」の考えを中心にして支援が行われてきた。利用者と施設との関係は、「保護する」「教える」「訓練する」という上下関係が成り立ち、施設職員は「先生」などと呼ばれ、「訓練中心の生活」「終わりなき生活指導」によって、利用者が本来持っている能力に着目するストレングスの視点や、地域での自立生活に向けての観点は薄かった。あるいは、自閉症のこだわり行動や、強度行動障害と呼ばれる人たちの多動な行動障害は時として「問題行動」とみなされ、それらを抑制することが「訓練・指導」の目標とされていることもあった。

「訓練・指導」という利用者と対等ではない関係のなかでは、しばしば人権の侵害や生活の質を損なうような事態も発生していたのである。

日本の知的障害者施設ではこれまで「介護」の視点が支援のなかで十分に位置づけられてこなかったといえよう。しかし、今日では壮年期・高齢期を迎える生活支援のあり方が大きな課題となり、実際に介護を必要としている利用者が生活している。そこでは一般的な高齢者介護の知識・技術に留まらず、知的障害者の障害特性を踏まえ、さらに個々の特性を理解した支援が求められる。知的障害者支援での介護の導入には、現在施設で行われている「支援」を介護理論に基づいて（介護の視点で）捉え直すことが必要である（手塚他 2008）[3]。そのためにも、知的障害者福祉に携わる支援者は、利用者のより良い生活を支えるスキルとして介護の知識と技術が求められているのである。

(2) 高齢化する家族への支援

「親亡き後……」は、知的障害者への支援において多くの親からに耳にする言葉である。実際に主たる介護者は親であり、なかでも母親が圧倒的に多い。日本の知的障害者福祉の歴史は、障害を持つ子どもの親たちが集まり、「親の会」などの活動の力によって大きく発展してきた。多くの施設がこうした活動のなかで創設されてきたのである。

当然、本人の年齢が高くなるにつれて親も高齢化していく。親自身が入院や介護が必要となり在宅での生活の継続が難しくなったり、主たる介護者も親から兄弟姉妹、叔父、叔母に変っていくなかで施設からの帰宅の機会が減り、帰省する家がなくなってしまうというケースは珍しくない。

知的障害者の場合、親が本人の意思を代わって伝える、決定するということが多く、在宅での生活を長年続けている本人は、親に依存している現状にあることも多い。そこでは、本人の生活スタイルやパーソナリティーにも親の生活や意識が大きく影響している。親の健康への意識、生活への考え方がそのまま本人の身体に影響してしまう関係にあり、肥満などの生活習慣病や、生活のリズムも左右するのである。

在宅生活をしている知的障害者が多く、また今後は施設ではなく地域での生活が重要視されているなかで、地域における家族を含めた包括的な支援体制の構築が求められる。これらは、介護予防の観点からも必要であろう。依然として高い入所施設へのニーズの背景として、①家族介護の困難と限界、②家族への過重負担、③現行制度と施策の矛盾と地域格差など、地域の構造との関連から検討しなければならない(赤塚 2008)[4]。これまで、障害者福祉では、こうしたソーシャルワーク機能を担う専門職の配置が不十分であった。2012 年 4 月からは、自立支援法の改正によって、地域移行支援、地域定着支援、サービス利用支援など、地域相談支援がより強化された。障害者支援にケアマネジメントが本格的に導入されたことからも、多くの関係機関との連携と、相談支援体制の充実を図り、地域で生活する障害者の家族への支援が期待される。

(3) これまでのライフステージの生活理解と留意点

知的障害を伴う人たちの加齢の問題を考えるときには、すべての人たちと同様にその人たちのこれまでの生活を理解しなくてはならない。置かれてきた生活条件、生活習慣、家族との関係、生活のなかでの人間関係、生きがい、などが高齢期の今の姿に反映されており、支援にあたっては生活の具体的な理解が重要となる。

植田（2010）[5] は、特に高齢知的障害者支援では、これまで生活してきた暮らしの質に着目することの必要性を次のように述べている。「知的障害のある人たちは幼少期から障害や疾病があることを理由に生活上においてさまざまな制約（差別的な処遇）を受けてきた。それぞれのライフステージにおいて適切な保育、養育、教育、医療などを受ける機会が奪われてきたことは、壮年期・高齢期にも大きく影響を及ぼす。つまり、知的障害のある人たちのライフコースは障害の原因疾患だけでなく、知的障害の程度（重度・中度・経度）やさまざまな社会環境要因に大きく規定され、障害のない人たちとは異なるライフコースを辿るものと思われる」（植田 2010）[5] とし、それぞれのライフステージにおいて、本人の課題に応じた支援がどのようなかたちで提供されてきたのかが高齢期の支援では大きな鍵を握るとしている。

高齢知的障害者の場合には過去の生活が大きく影響しており、その個人差は極めて大きい。在宅生活を維持していく困難さや、家族（親族）のさまざまな理由により、これまでの生活から切り離されて施設での生活を余儀なくされる人や、これまでに十分な養育や教育、医療を受けられないままに過ごしてきた人たちもいる。長い施設生活や養育者の過保護から、あるいは障害などに伴う学習の不十分さから、一般的ではない日常生活動作を身に付けてしまっていたり、施設などで生活を全面的に管理され、それに依存して生きることに何の疑問も持たずに過ぎてしまっている場合もある。自閉症などこだわりが強い障害特性を持っていれば高齢期からの環境の変化に順応するにはかなりの時間を必要とするだろう。周囲の人が、本人の意向をあまり重視しないままに「その人のために良かれ」と決めてきたこれまでの生活が高齢期において大きな影響を及ぼしているのではないだろうか。

特に留意したいのは、知的障害者支援では、親・家族・身近な支援者が「代わって伝える」ことが多いという事実である。地域で暮らす知的障害者が家族との同居が多く、依存的な生活になってしまう傾向があることは前述した通りである。また、支援者のこれまでの支援パターンに適用させた支援目標が設定されることも知的障害者支援ではよくあることである。福祉サービスシステムという流れのなかでは、そのサービスのペースに流されがちである。本人のこれまでの生活、障害特性の的確な理解による介護・支援を進めなくては、福祉サービスが利用者の新たな生活障害となってしまう危険性がある。高齢知的障害者支援では、これまで以上にその人の生活とじっくり寄り添い、それまでの既成概念にとらわれず、より関わりを綿密に一人ひとりの生活を多角的に捉えていく視点が強く求められる。

アセスメントにあたっては、身体的・精神的な機能の低下は加齢のなかで表面化してきた問題・課題であるのか、これまでの生活環境因子や社会関係因子の相互作用のなかで表面化している問題・課題なのか、あるいはその両方なのかというように、問題の質的な見分けを必要とし、極めて高いアセスメント力が求められる。こうした高齢知的障害者を理解し、基準に基づいて見分けることができるツールとアセスメントシートの開発・研究が必要である。

3　高齢知的障害者の暮らしを支える視点と方法

(1) 生活の総体を理解するアセスメント

すでに述べたように、知的障害の定義は、法令上はいまだに明確にされていないのが現状である。法的な全国一律の基準を設けず「社会通念」による理解という曖昧な位置づけであった結果、地域格差の問題や福祉サービス利用の不平等さなどを引き起こしていた。自立支援法の施行後は、全国一律の判断基準による障害程度区分の判定が実施されることになったが、質問や本人の回答の仕方によっては、認定結果に大きな影響を与えている現状がある。認定調査員の専門的知識はもちろんのこと相談援助技術などの向上を図っていくことや、障害者ケアマネジャーなどの資格化による知識や技術の質的な保障も考えていかなくてはならない。

そして、注意しなくてはならないことは福祉サービスの提供や個別支援計画の作成にあたり「障害程度」や「日常生活動作」などの判断基準に捉われすぎないことである。福祉がそれぞれの事業所においてサービスとして提供されることが中心となってきたなかで、多くのアセスメントが福祉サービスの受給条件の確認のために行われている。利用者側は、福祉サービスを利用したいがためにやむを得ないこととして、或いはそれに合わせて支援者の質問に答えるといった構造になりがちである。実際にアセスメントでは、アセスメントシートが利用され、チェックリスト方式の面接になってはいないだろうか。すなわち、現病歴・生活歴・家族歴と順番に個別に聴取し、諸要素・諸側面の問題を一覧的に総合的に評価し、問題の所在を明確化することを一方的に行っていることが多いのである。高齢知的障害者の場合には、身体の諸機能は、健康上の問題に大きく影響を受けており、他者との関係や、これまでの置かれてきた、あるいは現在の生活環境をも含めた様々な要素と関係性のなかに、さらに加齢という問題が重なっているという認識が必要である。

アセスメントでは、「人と人との関係、人とモノとの関係、人と事柄との関係、そして、その生活関係の中をながれる情緒をふくみながら、対象者の主観的な生活経験と客観的な生活体験とを統合したトータルな生活理解につなぐ」（結城 1998）[6] ことによって利用者の理解を深めていかなくてはならない。単に「できないこと」を明らかにするのではなく、「自立支援のため」だけでもなく、その人の今の生活のありようを総体としてとらえ､生活のなかに必要とされている支援の具体的方法を考えることである。その支援は、動作そのものの維持を目的とするのではなく、一つひとつの動作の維持・向上によって広がる生活の可能性を保障することである。それらの過程において、「長年培ってきた生活習慣・慣習を遵守した日常生活の継続性と安全・安心を提供し、身体的・精神的機能の変化に対処・対応する」（成清 2005）[7] という介護の視点は重要な機能・役割を果たしていくのである。

(2)「自立支援」から「生活支援」への転換

今日、障害者支援施設は利用者の日常の暮らしを支えながらも、「地域での自立支援」「就労支援」が支援の目標となっている。しかし、高齢知的障害者ではその支援内容を再検討しなくてはならない。つまり、同じ支援のなかでも高齢者支援の視点を併せ持たなくてはならない。そこでは当然、個別支援計画の書き方（書式）や、支援目標、支援方法や内容も変わってくる。加齢による身体的・精神的機能の低下が日常生活に影響を及ぼしていくなかでは、「活動性」や「行動範囲」の縮小とともに、介護の視点をより取り入れていく必要が出てくる。日常的に利用者と接している支援者は加齢による生活動作や行為の変化に気づき、支援計画を見直していかなければならない。そして、ここで問題となるのが、それらが「どの時期に」、「どのタイミングで」という課題である。Janicki（1985）[8] らが、55歳から高齢で知的障害を持つ人々と定義する旨を報告しているように、知的障害を持つ人々は50歳代頃から行動能力が低下することや、ダウン症候群の人々のなかにはアルツハイマー型認知症の早期発生率が増加していることが明らかにされている。単純に65歳を高齢者の基準にするのではなく、壮年期から高齢期を視野に入れた支援を検討していくことである。

障害者支援施設で作成される個別支援計画の多くは、「問題解決的指向」「課題解決的指向」が中心である。例えば、自立や就労に視点を置きながら「本人の望む生活」に向けて、そこにたどり着くまでのステップとして短期・長期目標を掲げて達成すべき「課題」を示し、それらに取り組むことで能力を高めて、成長を見出していく方法である。

高齢知的障害者の場合には生活の時間軸に沿った援助・支援の組み立てを考えなくてはならない。つまり、利用者の5－10年後の生活のありようを見通した全般的な生活支援の方向性と、加齢による問題への道筋を明らかにし、支援の適切な時期を検討をすることである。こうした、いわゆる「ライフモデル」を中心とした支援の概念は、介護の現場ではよく用いられる。

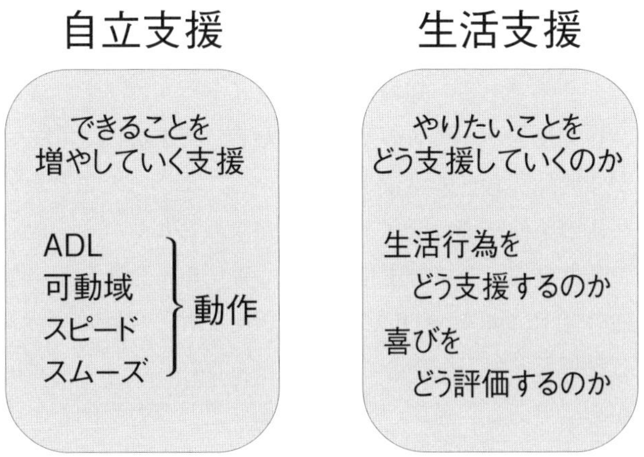

図2　自立支援から生活支援への転換

高齢知的障害者への支援・介護では、支援目標の立て方・視点はこれまでとは異なるものである。図2に示した「自立支援」と「生活支援」の違いを認識しなくてはならない。個別支援計画の作成では、「どうケアするのか」という短絡的な方法論に流されるのではなく、「本人のこだわりの生活の保障」のためにどうすべきかに重点を置くことである。

(3) 生活環境の条件整備

高齢知的障害者の生活支援では、医療と保健、リハビリテーション、住環境等の総合的な施策を欠くことはできない。多くの利用者が日常的な治療やリハビリテーションを必要としていることから、医療機関との連携を密にする必要がある。また、知的障害者は急激な生活や環境の変化には障害の特性上、適応していくことが難しいケースが多く、新たな生活環境に慣れるまでには相当な時間を有し本人への負担も大きい。しかし、施設の多くが設立当初、高齢者を対象としていなかったため設計上、必ずしも利用者にとって安全で快適な空間ではない。それらは、構造上の問題のみならず成人施設には年齢層の幅が広く、日中活動における集団編成の配慮や介護の視点を取り入れた日中プログラムの検討も必要である。

地域の障害者福祉サービスが制度上まだ充実していない状況下で、介護保険制度を活用しながら、それぞれのサービス間の差を補った生活を支えていくことも必要である。知的障害者のガイドヘルパーの養成が始まって久しいが、在宅福祉サービスの多くが高齢者分野を専門としているホームヘルパーが知的障害者への支援を担っている。こうしたことからも、地域福祉サービスの条件整備は今後より拡大が求められる。

さらに、条件整備としては支援に携わる専門職も含まれる。加齢による身体的機能の低下により、ADLにも影響を及ぼす。失禁の回数が増えたり、転倒による骨折などにも配慮しなくてはならない。こうした対応には、介護の技術が必至である。逆に、介護の知識に乏しく対処的な対応となっていれば、更に心身機能を低下させてしまう恐れもある。介護を必要として生活する利用者が増加する現状で、支援者自身が介護技術を積極的に習得していかなくてはならない。

(4) 各ライフステージの充実を図る支援

知的障害者の高齢化問題を考えるうえで重要な視点は、すべての人たちの老化がそうであるように、知的障害を伴う人たちの老化も、乳幼児期、児童期、青年期、成人期、壮年期、高齢期という各ライフステージでの生活が大きく影響してくる。高齢期の課題に適切に対応し、「質の高い生活」を保障するためには、これまで各ライフステージにおける本人の課題やニーズに対して、どのような支援を受けてきたのかに目を向ける必要がある。各ライフステージに応じたサービスの充実と次のステージへの移行を容易にするサービスの連続性が保障されなければならない。

また、高齢知的障害者の場合、現在ライフステージのどこに位置しているのかを意識して支援内容を展開することである。誰もが迎える老いに対して、高齢期になってからではなく、若い時期から豊かな生活経験をどのように実現していくのかという視点が重要である。高齢期の生活の質を考えるということは、ライフステージごとの生活の質を考えることとセットでなくてはならない。高齢知的高齢者支援にとって重要な視点は、これまでのこだわりの生活を保障し、残りの人生を良き理解者やこれまで過ごしてきた周りの人たちとどれだけ長く過ごせるのかを支えていくことである。

[引用文献]

1） 今村理一監修（2007）高齢知的障害者の援助・介護マニュアル．財団法人日本知的障害者福祉協会，10-2.

2） 高橋脩（1992）地域で暮らす精神遅滞成人の健康問題，有馬正高・黒川徹編著，発達障害医学の進歩4．診断と治療社，125.

3） 手賀尚紀・宮本昭男・泉浩徳（2008）知的障害者支援と介護．本の泉社，54.

4） 赤塚俊治（2008）知的障害者福祉論．中央法規出版，181.

5） 植田章（2010）知的障害のある人の加齢と地域生活支援の実践的課題――「知的障害のある人（壮年期・高齢期）の健康と生活に関する調査」から．佛教大学社会福祉学部論集第6号，20.

6） 結城俊哉（1998）生活理解の方法――食卓から社会福祉援助実践への展開．ドメス出版，15-16.

7） 成清美治（2005）ソーシャルワークと介護，西尾祐吾・橘高通泰・熊谷忠和編著，ソーシャルワークの固有性を問う――その日本的展開をめざして．晃洋書房，118.

8） Janicki,M,P,Knox,L.a., & Jacobson,J.W（1985）.:Planing for an older developmentally disabledpopulation.In M.p.Janicki, & MWisniewski（Eds.）, Aging anddevelopmental Disabilities:Issues and approaches.Baltimore:Paul h. brookes，143-159.

[参考文献]

植田章（2004）知的障害者の加齢とソーシャルワークの課題．高菅出版，2004.
大塚晃・小澤温・坂本洋一編（2012）障害者に対する支援と障害者自立支援法．中央法規．
大塚英子・結城俊哉編（2007）生活支援の障害福祉学．明石書店．
鈴木勉・植田章（2006）現代障害者福祉論．高菅出版，2006.
津田耕一（2001）施設に問われる利用者支援．久美出版，2001.
山本敏貢（2003）重度知的障害（児）者介護問題の社会階層―― 2001 年重度知的障害（児）者の家庭での介護支援についての実態調査結果から．障害者問題研究第 30 巻第 4 号 60-73.
松坂優（2004「知的障害者の居宅介護について――その特性と支援度合の判断基準をどう考えるか．さぽーと 5No.568,44-53.
三澤昭文監修（1999）介護における人間理解――心安らぐかかわりを求めて．中央法規．

第11章 老人の心理

これまでは高齢期というのは衰退や喪失の時期として否定的に描かれることが多かった。しかし、近年の様々な研究領域で得られる知見にはこのような見方とは異なる高齢者像を示すものも多く見られる。本章では高齢者の多様な心理的特性を概観し、認知症に代表される高齢期の精神的問題について解説を加えていく。

1 身体機能の衰えとその影響

加齢に伴い様々な領域での生理的変化が生ずる。運動機能の衰え、感覚の衰えなどが老人の意欲や態度に及ぼす影響について考えてみる。

(1) 感覚の衰え

視聴覚の衰えは極めて多くの高齢者が訴える変化であり、生活の様々な領域にはっきりとした影響を及ぼすものである。多くの場合、その変化は高齢になって始まるというものではなく、中年期以降ゆっくりと進行するものであるが、なかには障害の水準まで達するような様々な疾患を伴うことも多く、そのような場合には影響はより深刻なものとなる。

権藤（2008）[1] によると、視聴覚の衰えが及ぼす高齢者の心理的側面への影響としては、他者とのやり取りに齟齬が生じるというコミュニケーションの問題、外出の減少や活動範囲の縮小にともなう対人ネットワークの縮小、日常生活における自己効力感の低下、そして抑うつなどの問題がこれまで明らかになっている。また、夫婦を対象にした調査において、夫の聴覚損失が妻の身体的、心理的、社会的な幸福感のすべての側面に負の影響を及ぼすことが明らかになっており、その背景には「配偶者に理解されていない」と感じる傾向があることを示した研究を紹介している。

その他の感覚器官の加齢にともなう変化については一致した結果が得られていない面もあるが、味覚、嗅覚、触覚の衰えは生活の豊かさや彩りを減じることになると考えられる。

感覚面で高齢者が直面する最も困難な状況は、複数の感覚作用を同時に行わなければならない場合のようである（Stuart-Hamilton, 1994）[2)]。いくつかのばらばらの感覚情報をまとめていく能力の減退が高齢者にとっては困難をもたらす最大の背景なのかもしれない。

(2) 身体機能・運動機能の衰え

加齢にともなう身体機能・運動機能の低下は疾患のリスクの増大、移動能力の低下に伴う生活空間の狭まりなどをもたらし、身体疾患罹病や自立性喪失についての不安の増大、外界あるいは他者との接触機会の減少による孤立感の増大と精神的刺激を受ける機会の減少などの心理的影響が及ぶと考えられる。

黒川（2005）[3)] によれば、高齢者の心と身体の境界が不鮮明になり、両者の問題が複雑に絡み合って現れてくる。つまり「こころ」の問題の背後に身体的問題が隠されていたり、「からだ」の問題の背後に心理的問題が潜んでいたりする場合があることに留意しておく必要があるのである。

小川ら（2008）[4)] は 65 歳から 84 歳の約 1200 人を対象に、心理的・社会的・身体的側面の各機能水準に基づいて高齢者を類型化する試みを行っている。心理的側面の指標として主観的幸福感、うつ状態、社会的側面の指標としてソーシャル・サポートの有無、日常生活能力指標、身体的側面の指標として病気の有無、握力を用いて分析したところ五つの群に分類された。すべての指標において高い値を示した「全体高群（19.5％）」、病気が顕著にみられるが心理的側面と社会的側面の指標値が高い「身体低群（37.1％）」、病気はないが心理的側面と社会的側面の指標値が低い「心理・社会低群（9.3％）」、すべての側面の指標値が顕著に低い「全体低群（27.1％）」、そしてすべての側面の指標値が低く、かつうつ傾向が顕著な「うつ群（6.9％）」の 5 群である。ここで小川らは身体的機能が低い水準にありながら心理的・社会的に良好な状態にある身体低群と、逆に身体的機能に問題はないのに主観的幸福感や社会的関係において低い水準にある心理・社会低群の存在に注目している。高齢期において、身体的機能が維持されていても必ずしも心理的適応が維持されるわけではなく、逆に身体的機能が損なわれることがあっても主観的幸福感を維持すること、すなわち身体機能の喪失・低下に対してもうまく適応している高齢者が比較的多くいることが示されている。

権藤ら（2005）[5] は 85 歳以上の超高齢者を対象に身体的機能の低下とそれに対する心理的適応の維持について前期高齢者ならびに後期高齢者と比較しながら検討している。ここでは疾病などの客観的な身体的機能の側面で低下が見られても、主観的心理的側面への影響は観察されず主観的幸福感は維持されるという結果が得られている。このことから権藤らは、日常生活機能や身体的機能の低下が著しい超高齢者においては、喪失を補償する心理的機能がより強く機能することを示唆していると結論づけている。ペック（Peck, R. C.）[6] は老年期の心理的危機のひとつとして身体的健康の危機を挙げている。身体的健康の維持が難しくなった時にそれに煩わされ身体的問題に没頭するか、逆に精神的な満足や安定を得ることにより身体的問題を超越する方向で進むかという分岐点に立たされるというのである。上記の研究に示された身体的機能の喪失に直面しながらも精神的健康・主観的幸福感を維持できている高齢者たちは、この身体的問題を超越している存在として理解することができる。

2　知的機能

一般には加齢に伴い知的機能に関しても低下するものと考えられることが多い。しかしこれは従来の知能研究の方法に問題があったとの指摘もある。例えば世代ごとにグループ分けをして、各年代群に対して同時に同一の知能検査を行う横断法というやり方がかつてとられていた。このようなやり方だとその時点での世代差はとらえられるが、世代ごとに教育経験、生活水準、接触できる情報量等に違いがあり、純粋に加齢による変化を調べたことにはならない可能性がある。すなわち高齢者の知的能力を低く見積もっている可能性があるのである。それに対して、ひとつの世代群を対象に数年にもわたって追跡調査を行いその変化を調べる縦断法というやり方がある。この方法は知能の加齢による変化を直接調べる方法として優れているように思われるが、これも数年にわたる調査に参加できるような被検者はそもそも教育や経済面での高い水準にあり、対象に偏りが出てくる可能性があることや知能検査を繰り返し受けることによる練習効果が生じることなどの問題が指摘されてきた。

横断法と縦断法の短所を除くためにシャイエ（Schaie, K. W.）[7] は年代間の差をなくすために同時にある期間継続的に各年代群を同時に追跡する系列法という調査方法を考案して、知能の発達曲線に関して図1のような結果を得た。これによると、知能を構成する下位知能（結晶性知能・流動性知能）はそれぞれ同一の発達経過をたどらないことが明らかになっている。キャッテル（Cattell, 1963）[7] によると、知能は結晶性知能と流動性知能から構成されている。結晶性知能とは習得されてきた知識や積み重ねられてきた経験をもとにした日常生活の状況に対処する力を意味する。一方流動

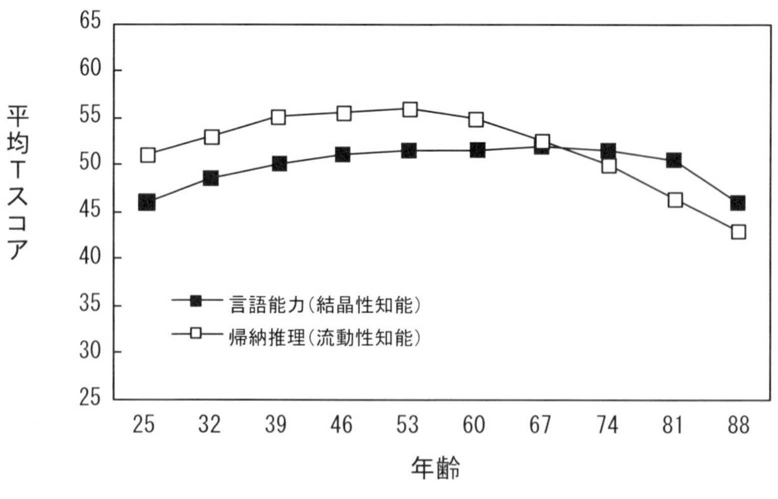

図1　系列法による知能の発達曲線（下仲, 2008）

性知能とは、新しいものを学習したり覚えたりするような、新しい状況や環境に適応するのに必要な力を意味する。図 1 からわかるように、結晶性知能は成人後も上昇を続けて 60 歳代にピークに達し 70 歳代前半まで維持されて、その後低下していく。そして 80 歳代においても 20 歳代と同等の能力を有していることがわかる。一方、流動性知能は 50 歳代中頃にピークに達してその後は次第に低下して行く。このことから、結晶性知能に関しては中年期以降も発達を続け、高齢期にいたっても高い水準で維持されて若い世代と同等の能力を発揮できるといえる。経験によって蓄積された知識を生かすような状況においては高齢期後期にある者でも 20 歳代の若者と同じかそれ以上の結果を残すことが可能なのであり、高齢者が若い世代よりも知能水準が低下しており物事の理解が及ばないとする見方は誤っているといえる。

3　高齢者の人格的特徴

従来、高齢者の人格については、頑固である、自己中心的、保守的、依存性が強い、心気的などがその特徴として挙げられることが多かった。身体機能や知的機能などと同様に加齢とともに否定的な方向への変化が生ずるという見方がなされる場合が多かったのである。しかし近年の研究はこれらの見方と反する結果を見いだしているものも多い。

例えば、下仲 (2000)[8)] は同一の被調査者を対象に 15 年間追跡調査を行い、その中で思考の柔軟性を調べる心理検査を行っている。それによると、思考の柔軟性得点は加齢にともなって低下することはなく、逆にわずかではあるが上昇したという。このことから頑固で柔軟性を欠くという見方は妥当性を欠くものであり、高齢者が頑固に見えるのはもともとの性格がより先鋭化されて見えることによるのではないかとしている。

また下仲[8)] は別の研究で 60 歳以上の高齢者を対象に 10 年間の追跡調査を行い、加齢に伴い人格がどのように変化するのかについて検討している。そこでは、やる気・意欲は加齢に伴い徐々に低下していくこと、環境に対する感受性・繊細さは鈍感になっていくことなどが結果として示されたとしている。

さらに下仲（2007）[9]は、自身たちの研究と他の諸研究を概観して以下のようにまとめている。神経症傾向は青年期に高く、加齢にともなって低くなり、高齢期では安定に向かうこと、外向性は青年期から中年期にかけて安定しているが高齢期に低下すること、そして開放性は加齢とともに低下しその傾向は女性の方が男性よりも強いことであり、これらの人格特性は概ね加齢にともなって低下するという結果が得られているものである。逆に高齢期にかけて上昇するという結果が得られている人格特性としては調和性と誠実性が挙げられており、これらは生涯を通じて発達し続ける可能性があるとされている。下仲が指摘するように、多くの研究において一致した結果が得られている加齢にともなう調和性、誠実性の増加と、外向性の低下、そして高齢期での神経症的傾向の安定などから、人は年をとるに従って成熟へと向かう傾向にあると考えられるかもしれない。

超高齢者とりわけ100歳をこえる長寿者に特有の人格特徴、あるいは長寿にかかわる人格特性についての研究も多くなされている[10]。下仲ら（1991）[11]は長寿にかかわる人格特性とその適応との関係について、60歳代、70歳代、80歳代、100歳超の高齢者を対象に検討している。得られた結果として、100歳高齢者は明るい、朗らか、親しみやすいという女性性が高く、のんき、気長でリラックスしているという特徴を持つタイプB行動パターンが多いということが挙げられる。タイプB行動パターンに関しては他の多くの研究で得られた知見と一致するものであった。しかし、主観的幸福感から測定された適応と人格特性の関係については、男性性、女性性がともに高い両性性を有する場合に適応状態が良い傾向にあり、男性ではタイプB行動パターンである場合が適応的であり、逆に女性では自信があり支配的で勝気などの特徴を持つタイプA行動パターンの場合により適応的であるという性差が認められている。

4　死への態度

老年期は喪失経験の連続といわれる。退職に伴いそれまで担ってきた役割や社会的関係を失うこと、同年代の他者が亡くなっていくこと、身体的機能の喪失とそれに伴う可動性、自立性の喪失など、時間的にはゆっくりしたものかもしれないが、それまでのあり方とは全く異なる自分を構築せざるを得なくなる。では、最大の喪失であり避けることのできない自己の死に対する高齢者の態度はどのようなものであろうか。

田口・三浦（2012）[12]は65歳から79歳の男女各100名を対象に人生における意味・目的意識と死に対する態度や主観的幸福感との関係についての調査を行っている。それによると人生における意味・目的意識が明確な高齢者は死の恐怖が低く幸福感が高いこと、逆に人生における意味・目的意識が欠如している高齢者は現世の否定的状況すなわち辛い現実からの回避を可能にするものとして死を受容し、主観的幸福感が低いことが明らかとなった。こうした結果から田口・三浦は、自分の人生に意味を見出せる高齢者は、生が充実していることが人生が終わることへの不安を低めている可能性があり、逆に自分の人生に意味を見出せない高齢者は生の充実を感じられないため、人生が終わることへの恐怖が高まる可能性があると推察している。

エリクソン（Erikson,E.H., 1950）[13]は高齢期における発達課題を「自我の統合性」としている。そしてこれに失敗すると「絶望」に陥るとしている。これまでの自分の生涯をその肯定的な部分も否定的な部分もすべて自分のものとして受け入れていくこと、そして次の世代への関心と地域や家族を超えた大きなものへの関心を持ちつつ人生を生き続ける、そのような状態を指して統合と呼んだのである。エリクソンはこのような統合の状態にいたると老人は死の痛みを克服することができるとしている。彼は「ライフサイクルの終わりに近づくにつれて、多くの人が、彼らの孫たちを無限の未来に延びる自分自身の延長と考え始める」と述べている（Erikson et al 1986）[14]。高齢者が自分の子どもや孫たちの未来に関心を持つことにより、逃れることができない自己の死を乗り越えることが可能になり、人生の終わりが近づくなかでも不死の感覚を得ることができるのである。さらにこれらの関心はより大きな世界全体への関心のごく一部分にすぎないものだとしている。逆に自我の統合が欠如していると、自分の人生を取り換えようのない究極のものとして受け入れることができず、自分の人生は失敗だった、残された時間はわずかで新しい可能性を模索することはできないという絶望の中で残りの人生を送ることになる。そしてそれは死への恐怖として立ち現われてくることになるのである。

5　臨床的問題

ここでは、まず高齢期に問題となることが多い臨床的問題として認知症について説明を加え、次に精神的・心理的問題を抱える高齢者との関わりのあり方について概説する。

(1) 認知症

日本神経学会のガイドライン[15)]によれば、認知症とは「一度正常に達した認知機能が後天的な脳の障害によって持続的に低下し、日常生活や社会生活に支障をきたすようになった状態で、このような状態が意識障害がないときにみられる」とされる。認知症の原因となる疾患は多数あげられる(表1)。他に認知症様の症状を呈する疾患は数多く存在するので、認知症と認知症類似の病態との鑑別を慎重に行うことが欠かせない。わが国おける認知症の疫学調査はこれまで数多く行われているが、2008年に島根県海士町で行われた調査[15)]では65歳以上の高齢者の認知症有病率は11.0%であった。他の調査でもわが国における認知症の増加ならびにアルツハイマー病

表1　認知症を呈する疾患

- 脳血管障害：血管性認知症
- 変性疾患：アルツハイマー病、レビー小体型認知症、前頭側頭型認知症など
- 感染症：脳炎、進行麻痺、エイズ脳症、プリオン病など
- 腫瘍：脳腫瘍
- 中枢神経疾患：神経ベーチェット、多発性硬化症など
- 外傷：慢性硬膜下血腫
- 髄液循環障害：正常圧水頭症
- 内分泌障害：甲状腺機能低下症
- 中毒・栄養障害：アルコール中毒、ビタミンB_{12}欠乏など

によるものの増加傾向などが報告されている。

認知症の中核症状は記憶障害をはじめとして、失語、失行、失認、遂行機能障害などを含んだ認知機能障害である。記憶はその貯蔵期間の長さから即時記憶、近時記憶、遠隔記憶に分けられるが、認知症初期には近時記憶が障害され、数分から数十分前の事柄を忘れてしまうようになることが多く、症状の進行に伴って即時記憶や遠隔記憶が障害されるようになることが多い。しかし前頭側頭型認知症のように記憶障害が比較的目立たない場合もあるので注意が必要である。失語には語想起の障害や適切な単語が出にくくなる喚語障害、他の人が言った語を繰り返す反響言語、構音の障害の見られる運動性失語などが含まれる。失行は麻痺等の運動機能の障害がないにもかかわらず日常の動作が困難になることで、立方体の模写や積木の組み立て等が困難になる構成失行や、衣服をうまく着ることができなくなる着衣失行、そして他者の指示に従った動作や模倣がうまくできない観念運動性失行などがある。失認は感覚機能に異常が見られないのに外界の事象を正しく認識できないことである。視覚的に呈示されたものを正しく判別することや物体の大きさや形の弁別が困難であったり、熟知しているはずの場所がわからなかったり、良く知っているはずの道順を説明できなかったりする地誌的失見当識などが認められる。遂行機能障害は計画を立てて行動を行う能力の障害である。思考の柔軟性や抽象的思考、注意の分配などの能力の面で困難が生じるとされている。

また、認知症に伴う行動異常ならびに心理症状は周辺症状といわれ、最近では認知症の行動・心理症状 behavioral and psychological symptoms of dementia（BPSD）と呼ばれている。行動異常としては、攻撃性、徘徊、不穏、焦燥性興奮、脱抑制、収集癖などが挙げられる。大声で叫んだりかんしゃくを起こしたりといった暴言や、叩く、引っ掻く、咬むなどの暴力といった攻撃性ならびにまとまりのない行動である焦燥性興奮は周囲の者の対応を困難なものにさせるものである。またどこともなく住居外を歩き回る徘徊や性的問題行動などを含む脱抑制も介護する者に多くの負担を強いるものである。

心理症状には不安、うつ状態、幻覚、妄想などが挙げられる。認知症者の不安は病識がある軽度の患者の病状の進行等に対する現実的な不安から、徘徊や不穏、介護者へのつきまといなどの行動異常につながる比較的進行した患者に見られるものまでその現れ方は多様である。うつ状態は悲哀や罪責感などよりも意欲減退や身体的不調の形で現れることが多い。高齢者がうつ状態になることで、一見すると認知機能が低下し認知症と見分けがつきにくい偽性認知症との鑑別には注意が必要である。幻覚・妄想は周囲の者が対応に苦慮する症状であり、認知症の原因疾患ごとに差はあるが高い頻度で見られる症状である。よく見られるものとして「お金を盗まれた」などと訴える物盗られ妄想があるが、こうした妄想は多くの場合身近な者が対象となるので、ここでも周囲の者との関係に悪影響を及ぼすことになる。

わが国において認知症を呈する原因疾患の中で、最も高い頻度で認められるアルツハイマー病について概説する。わが国においては認知症の原因疾患の第一位を占めており、認知症全体の半数近くを占めると考えられている。発症と経過は緩徐で初期には周囲の者にも疾患の存在が気付かれないことも多い。経過はおよそ前期、中期、後期に分けられる[16)]。前期では物事を数分間憶えておくことができないという短期の記憶の障害が認められる。新しい体験や情報を記憶しておくことが困難になることが前期に目立つ症状である。複雑な仕事の遂行が難しくなり計画を立てて行動することなどが困難になるが、初期には表面的な言動は正常に見える場合もある。

中期になると、近時的な記憶にとどまらず自己の生活史に関する記憶や過去の社会的な出来事などの遠隔記憶が損なわれる。場所に関する見当識の障害も現れ、外出しても家に帰ることができなくなったり、自分がどこにいるのかがわからなくなったりする。着衣や排便などの生活上の基本的な行為も介助が必要になり、認知症の周辺症状の多くが現れてくるようになる。

後期には身近な人物の名前も想起できなくなるなど記憶障害がさらに深刻化する。着衣、排泄、食事などの日常的行為には全介助が必要になり、他者との疎通性も失われ、やがては会話も意味をなさないものばかりとなっていく。最終的には運動機能も喪失し寝たきりの状態となる。

(2) 高齢者に対する援助的関わりのあり方

認知症をはじめとする高齢期の精神的問題を抱えた者への支援・援助に関しては、精神医学的側面と心理社会的側面が考えられる。心理社会的側面での援助では、高齢者の特性に配慮した方法や特有の問題に焦点を当てた方法が種々考案されている。その中で代表的な心理的援助法として多種多様な現場で取り組みがなされている回想法についてみていく。

回想法（Life Review therapy）とは、バトラー（Butler,R.N., 1963）[17)]により創始された高齢者に対する心理療法であり、過去の人生を整理し、その意味を探求することを通じ、人格の統合を目指すものとして考案された。Butlerは、回想を「死が近づいた人間に生じる自然で普遍的な過程」とみなし、その肯定的な意義に注目した。そして、幼児期から現在にいたるライフヒストリーを系統的に想起し，達成してきたことを再評価すると同時に、過去の未解決の葛藤を解決すること、人格の統合を目指すものとして、その後様々な形で臨床実践に応用するべく研究が進められてきたものである。心理療法として実施されるものの他に、アクティビティとしての回想法、世代間交流や地域活動としての回想法などあり、それぞれ目的も異なっている（黒川，2005）[3)]。方法としては、個人に対して行うものとグループで行うものとがある。心理療法として行われる場合には、なんらかの精神的問題や心理的課題を抱えた高齢者に対して、それらの課題の解決、生活の質の改善などを目標に行われる。認知症等の問題を抱えた対象には、環境への適応、情緒的安定、残存機能の維持、意欲の向上、問題行動の軽減等を目指して導入されることが多い。実施手続きは、対象となる高齢者が語る自分の人生の歴史や思い出を受容的、共感的に聴いていくというのが基本となる。幼い頃から順に時系列に沿った形での回想を行っていく場合やテーマをその都度決めて回想を行う場合（年中行事、季節、趣味など）などやり方も多様である。回想を促すために様々な工夫がなされる場合も多い。例えば回想のテーマによって小さい頃使った玩具や昔使っていた家庭用品などを用いたり、記憶障害や認知障害などが見られる高齢者には写真や音楽、食べ物など五感に働きかける刺激を用いたりすることが試みられる。多くの効果が期待される回想法であるが、対象の選択や導入の方法などには十分な配慮が必要である。回想を強いることで辛い過去に直面させることになることがないように、対象の見立てと目的を明確にすることが欠かせない。

黒川（1998）[18] は心理的な問題を抱えた高齢者と接する場合の留意点を以下のようにまとめている。

①高齢者の人生の歴史に関心を寄せ、その声に耳を傾ける
②高齢者のこころに土足で踏み込まない
③安易な「受容」や「共感」は慎む
④死の問題に、その時どきに誠実に対処できるよう、自らの死生観を養う
⑤ひとりひとりの高齢者に固有の「意味」、「価値」をともに再発見していく
⑥身体的問題に対する適切な対応
⑦時間、頻度などの枠組みを柔軟に修正すること
⑧援助関係の終結に関しては高齢者の状態に応じて柔軟に対応する
⑨家族のサポートを行う

これらの留意点は心理療法的サポートをする場合に限らず、どのような現場であれ高齢者との援助関係を築く際には求められる視点である。

6　まとめ

高齢期といっても今やその期間は非常に長くなり、ひとくくりにして考えることはできなくなってきている。個人差も大きくそのあり方は一様ではない。かつてはサクセスフルエイジングが意味するところは、身体的に健康かつ精神的にも満足できている高齢者像を描き出すものであったが、近年のような寿命の延長に伴い高齢者はその終末期に向けて心身の諸機能を維持できなくなる者が大部分である。自律性を失い希望を持ち続けることが困難な状況にあっても、高齢者が絶望に支配されることなく生きていくためには、援助に携わる者が個々の高齢者の歴史と内的世界にいかに歩み寄れるかが重要になるのである。

[引用文献]

1) 権藤恭之（2008）生物学的加齢と心理的加齢．権藤恭之編，朝倉心理学講座15，高齢者心理学，朝倉書店，23-40.

2) イアン・ステュアート＝ハミルトン（1995）石丸正（訳），老いの心理学——満ちたりた老年期のために．岩崎学術出版社.
(Hamilton,I.S. 1994　The Psychology of Aging: An Introduction 2nd ed. London: Jessica Kingsley Publishers Ltd.)

3) 黒川由紀子・斉藤正彦・松田修（2005）老年臨床心理学——老いの心に寄りそう技術．有斐閣.

4) 小川まどか・権藤恭之・増井幸恵・岩佐一・河合千恵子・稲垣宏樹・長田久雄・鈴木隆雄（2008）地域高齢者を対象とした心理的・社会的・身体的側面からの類型化の試み．老年社会科学30（1），3-14.

5) 権藤恭之・古名丈人・小林恵里香・岩佐一・稲垣宏樹・増井幸恵・杉浦美穂・藺牟田洋美・本間昭・鈴木隆雄（2005）超高齢期における身体的機能の低下と心理的適応——板橋区超高齢者訪問悉皆調査の結果から．老年社会科学27（3），327-338.

6) 進藤貴子（2010）高齢者福祉と高齢者心理学．川崎医療福祉学会誌増刊号，29-44.

7) 下仲順子（2008）高齢者の心理と家族．日本家族心理学会編，家族心理学と現代社会，129-146.

8) 下仲順子（2000）老人の心理がわかる本．河出書房新社.

9) 下仲順子（2007）高齢期の心理と臨床心理学．培風館.

10) 下仲順子（2002）超高齢者の人格特徴．老年精神医学雑誌13（8），912-920.

11) 下仲順子・中里克治・本間昭（1991）長寿にかかわる人格特徴とその適応との関係——東京都在住100歳老人を中心として．発達心理学研究1（2），136-147.

12) 田口香代子・三浦香苗（2012）高齢者の生への価値観と死に対する態度．昭和女子大学生活心理研究所紀要14，57-68.

13）エリクソン E. H.（1977）仁科弥生（訳），幼児期と社会．みすず書房．
（Erikson,E.H. 1950 Childhood and Society. New York: W.W.Norton & Company.）

14）エリクソン E. H.，エリクソン J. M. & キヴニック H. Q.（1990）朝永正徳・朝永梨枝子（訳），老年期――その生き生きしたかかわりあい．みすず書房．
（Erikson,E.H.,Erikson,J.M.& Kivnick,H.Q. 1986 Vital Involvement in Old Age. New York: W.W.Norton & Company.）

15）日本神経学会監修（2010）認知症疾患治療ガイドライン 2010．医学書院，1-73.

16）田中稔久・高村明孝・武田雅俊（2008）アルツハイマー病．臨床精神医学 37（5），501-509.

17）Butler,R.N.（1963）The life review : an interpretation of reminiscence in the aged. Psychiatry 26（1）65-76.

18）黒川由紀子編（1998）老いの臨床心理．日本評論社.

第12章　ドイツにおける老人介護事情

1　高齢者の動向と介護保険サービス

(1) 高齢者動向[注1)]

ドイツの全人口は約8202万人であり、そのうち60歳以上の人口は23.6%(1889万人)、65歳以上17.9%(1420万人)、75歳以上7.9%(630万人)、80歳以上3.7%（290万人）となっている。そして、2030年には27%（2100万人）が65歳以上の高齢者になる予想される。平均寿命は2005年には82.5歳（女性）、76.3歳（男性）となり、1人の75歳の高齢者に対して12名の市民の割合となっている。なお、1900年には、平均寿命は、40歳（女性）、37歳（男性）、1人の75歳の高齢者に対して77名の市民の割合であったことからも、現代のドイツの社会において、高齢化が進んでいることが理解できよう。

高齢化は特別な問題ではなく、一般市民に対して、老後は大衆問題であり、自分自身の問題であるという認識をもたらした。しかし、一方では、高齢者が以前に比べて、社会全体のなかであまり社会的に尊重されなくなった。例えば、以前は、高齢者は豊富な経験や財政的な面を通して、子ども達や若者達をサポートしていた。しかし、現在では、高齢化問題が一般大衆化することで、高齢者の存在そのものが、珍しい存在ではなくなったのである。特に、若い人々は、高齢者が職場などで長く働くことで、自分達の働く場所の確保や昇進の機会が失われるなどの理由で、高齢者に対して好ましい印象を持っていない。工業化社会では、労働と健康が重視されるため、心理的・身体的機能が弱まる高齢者は尊重されなくなってくるのである。もう一つの変化は、高齢者を対象とした介護産業が多く出没し、高齢者が貴重な顧客の存在になり、高齢者が政治家の当選を左右する大きな選挙グループになる点である。つまり、政治家や一部の企業家や政治家にとっては、高齢者が自分達の利益のために重要な存在になるのである。

(2) 介護保険

ドイツの介護保険制度（Pflegeversicherung）は、1995年に年金保険、健康保険、失業保険に次ぐ4番目の社会保険として導入された。この介護保険は、要介護者の尊厳を保ち、できる限り自立と自己決定の生活の尊重を目標としている。

ドイツの介護保険では医療保険の保険者でもある疾病金庫に併設される介護金庫が保険者であり、公的医療保険の被保険者が介護保険の被保険者となる。公的疾病保険の任意加入者や民間保険加入者は，加入している疾病保険の保険者の運営する介護保険に強制加入となる。ドイツの介護保険の財源はすべて保険料負担で賄われており、日本のように利用者負担や公費負担は導入されていない。介護保険制度の財源では、被保険者は総所得の1.7%を介護保険料として支払わなければならず、2006年1月1日から、子どものいない家族は1.95%の介護保険料の拠出が決められた。日本の保険料は市町村間で保険料率が違ってくるが、ドイツの場合は保険料率は全国一律である。保険料の増収の背景には、介護保険財政の減収、特に450万人の失業者を抱え、これらの失業者に対する生活保障や失業者からの介護保険料の税収入が見込めないという点があげられている。なお、ドイツでは、被保険者の年齢は、日本のように40歳以上という年齢制限はなく、何らかの収入のある仕事に就けば、介護保険料が徴収されることになっている。

要介護の基準は、①身体的介護、②食事介護、③移動の介護の三つの領域で決められ、要介護者とは日常生活を行うのに継続的（最低6カ月）に相当程度の援助を必要とする者としている。要介護度は、要介護1（中度の要介護）、要介護2（重度の要介護）、要介護3（最重度）の3段階である。日本と比較すると、要支援、要介護1，2の介護度はなく、重度の介護を必要とする要介護者のみが対象となっている。そこで、ドイツで介護保険サービスを受けるのには、高齢者の厳しい介護状況が証明されなければならない。要介護認定では、第三者機関であるメディカルサービス（Medizinischer Dienst der Krankenversucherung）の医師が老人介護士などの介護者から得た情報に基づいて最終的認定をする。日本のように医師や保険師、理学療法士、学識経験者などのチームによる認定は行われていない。

介護保険では、施設介護サービスは最終的手段であり、施設介護サービスの前に在宅介護サービスの提供を原則として重視している。そして、介護保険サービスの給付には、現物サービスと現金サービスがある。現物サービスは、訪問介護や訪問看護サービス、デイサービス、施設サービスであり、現金サービスは介護のレベルに応じて、高齢者やその家族に現金が支給される。また、週14時間以上在宅で介護している介護者には、労災保険と失業保険が適応される。このように、介護を有償の社会的労働と位置づけたことはドイツの介護保険の特徴である。また、在宅介護を選択する場合は、現金給付と現物給付の両方の組み合わせも選択可能である。表1は、ドイツの現在の介護給付サービス受給者数の割り合いを示しているが、この表から最重度の要介護3であったとしても、半数が在宅サービスを受けていることがわかる（表1参照）。つまり、ここで、ドイツの介護保険が、あくまでも家族などの身内による在宅介護を目標としていることが理解できる。

表1　介護給付サービス受給者数の割合[2)]

	要介護1	要介護2	要介護3	全体
在宅サービス	75.9% 725.993	63.6% 435.924	51.5% 127.260	68.2% 1.289.152
施設サービス	24.1% 230.383	36.4% 249.600	48.5% 119.834	31.8% 599.817
合　計	100% 956.376	100% 685.524	100% 247.094	100% 1.888.969

※表内の％の下の数値は人数を示す。

ドイツの高齢者のなかで約100万人が認知症である。そのうち、約3分の2の高齢者はアルツハイマー認知症である。認知症に対して特別な介護保険給付サービスがないため、認知症の高齢者を介護している家族にとっては、かなりの負担となっていることが一つの課題となっている[注2)]。

(3) 高齢者福祉施設サービス[注3)]

ドイツの高齢者福祉施設サービスは、大きく三つの類型に分類される。

①完全入所介護ホーム（Altenpflegeheim）は、中重度者の要介護者を対象に長期療養を必要とする利用者を想定している。常駐職員により介護・看護サービス等を24時間体制で供給している。我が国の特別養護老人ホーム等に該当する施設である。

②短期入所介護施設は、在宅介護では十分な介護が得られない場合や、施設から在宅への移行準備期間などに一時的に利用する施設である。わが国の老人短期入所施設、介護老人保健施設等に該当する施設である。

③外部介護利用型居住は、自立から軽度高齢者を対象としており、外部の医療・介護サービスを必要に応じて利用することが出来る住宅である。わが国の経費老人ホーム、サービス付き高齢者向け住宅等に該当する住宅である。また、各種高齢者福祉施設サービスを隣接した地域に建設し、同一の経営体と人員によって運営される老人複合施設（Mehrgliedrige Alteneinrichtung）がある。これは、住み慣れた地域で自分の状態に合わせたサービスが継続的に利用できる仕組みである。

施設の設置主体は、民間福祉団体として労働者福祉団、ドイツ・パリタティッシュ福祉事業団、ドイツカリタス、ディアコニー事業団、ドイツ赤十字社、ユダヤ人中央福祉所の六つの団体を中心に地方公共団体、民間非営利団体、民間営利団体で老人福祉事業が行われている。

この施設サービスの特徴をみると、デンマークやスウェーデンといった北欧諸国のように、国家が中心となって積極的に高齢者福祉のサービスを推進して行くよりも、宗教団体や労働組合などの民間団体が進めて行こうとする傾向がみられる。したがって、これら民間団体による高齢者福祉の推進はある面では、ドイツの高齢者の介護が多分に慈悲的な傾向を含んでいるのかもしれない。古瀬（1990）[4] は、ドイツでは、施設ケアが 1900 年頃までは、いわゆる慈善的なものがほとんどであり、1974 年のホーム法（Gesetz über Altenheim Altenwohnheim und Pflegeheim für Volljährige）ができるまでは、施設と入所者との関係は権威的なものであり、入所者の自由は著しく制限されており、この法律によって初めて、入所者と施設とが対等の関係に立つことができたと指摘している。

2　ドイツに住む外国人高齢者の状況とサービス[注4)]

(1) 外国人高齢者（トルコ人）に対する施設サービス

ドイツでは、外国人のトルコ人の高齢者を介護している特別養護老人ホームが存在する。この特別養護老人ホームには、トルコ人の高齢者だけではなく、ドイツ人の高齢者も生活をしている。ドイツは、第二次世界大戦後、ドイツの戦後復興のために、トルコ人の外国人の労働者を採用し、その労働力に頼ってきた。その結果、多くのトルコ人労働者とその家族がドイツに滞在し、トルコ人の高齢者の介護の問題が浮上してきたのである。

トルコ人とドイツ人の高齢者が共に生活をしている特別養護老人ホームは、ドイツ西部のルール工業地帯のデュースブルグ（Düsburg）市に存在する。この地域には、トルコ人やイタリア人などの多くの外国人労働者とその家族が生活をしている。この特別養護老人ホームは、1997 年に設立され、1999 年、12 月現在、96 名の居住者が生活している。この入居者 96 名のうち、9 名がトルコ人の高齢者であり、他の入居者はドイツ人である。施設スタッフの数は専従者は 46 名、パート勤務者 25 名であり、そのなかで 8 名の施設スタッフがトルコ人である。トルコ人の施設スタッフの職種は事務員、厨房、介護職である。

施設での生活に目を向けると、イスラム教を信じるトルコ人とキリスト教を信じるドイツ人の宗教上の相違や生活上の習慣の違いを認め、お互いが相互の立場を理解し、共同生活ができるように配慮されている。施設のなかには、イスラム教とキリスト教のそれぞれの礼拝堂が設置され、入所者が自分の信仰する宗教の礼拝に参加できるようになっている。また、それぞれの宗教に伴う行事があるとき、双方の入所者がお互いを招待し、行事を祝うのである。キリスト教のクリスマスの行事には、ドイツ人の高齢者グループがトルコ人の高齢者を招待し、ドイツ人とトルコ人の高齢者が一緒に食事をし、ケーキを食べたりするのである。なお、トルコ人の高齢者に対しては、トルコ風の食事が１週間に２−３度作られているとのことである。

また、施設は、施設スタッフに対して、以下の研修を行っている。

９名のトルコ人の高齢者は30年間、ドイツで生活してきたにもかかわらず、全員ほとんどがドイツ語を話すことができなかった。そのため、施設はトルコ人の職員を採用し、主にこの施設スタッフにトルコ人の高齢者の介護に当たらせている。また、施設は、ドイツ人の施設スタッフがトルコ人の高齢者とコミュニケーションを持つために、彼らをトルコ語の会話講座の研修に派遣をしている。一方、トルコ人のスタッフも、ドイツ人の高齢者とのコミュニケーションを持つために、ドイツ語の会話講座の研修に派遣されている。

(2) ドイツに住む日本人の高齢者

わが国の高齢化は、日本のみならず、ドイツで老後を迎える日本人社会にも増加している。ドイツで老後を迎える日本人の多くは、国際結婚による人々である。彼らの年齢層は主に50歳から60歳代であり、戦後にドイツに仕事や留学で滞在し、その後、ドイツ人と国際結婚をし、長く滞在してきた人々である。一方、日本でドイツ人と国際結婚をし、長く日本に滞在し、その後、仕事や生活上の関係上、ドイツで生活を始めた高齢者もいる。

ドイツで老後を迎えるなかで日本人の高齢者にとって生活上の不安な点は、日常生活が困難になったとき、日本語による介護や日本食が得られるのかという点である。筆者が2001年に89名の在独邦人に行った実施した調査のなかで（三原・横山　2011）[6]、介護が必要とされたとき、どのような介護を期待するのかという問いに対して、60％が「日本食の提供」、25％が「日本語による介護」、14％「日本の娯楽」と回答し、在独邦人の多くが日本的文化による介護を期待していることが示された。特に日本食へのあこがれは、ドイツのみならず、ブラジルに移住した日本人に対する調査報告からも述べられている。また、同調査のなかで、老人ホームへの入所は、57％が「入所したくない」と回答していることからも、ドイツ的介護を拒絶する傾向も見られた。

以下、ドイツで老後を迎える日本人自助グループの内容である。

①ミュンヘン（München）友の会

ミュンヘン在住のある高齢者の女性が、ドイツで老後を迎えようとする日本人のための相互扶助組織が必要であると考え、2001年、数名の有志の人達と立ち上げた団体である。会員は約30名程度である。現段階では、身体的介護や認知症による介護を必要とする会員は存在しないが、緊急の場合に備えて、会員同志が介護や健康に関する勉強会を行い、ミュンヘン市内以外に住む日本人の人々に会の内容の情報を伝えている。過去、入院中の会員の見舞いと和食の差し入れや、ミュンヘン市内のホテルで倒れた日本人観光客と日本から駆けつけた家族に付き添い、家族の話し合い手となり、和食の差し入れを行い、会員以外の日本人旅行者に対する援助も行ってきた。近年では、1カ月以上入院をした会員やその家族を1週に2回定期的に訪問スケジュールを組み、訪問を支援している。また、出産を控えたつわりのひどい若い年齢の会員が和食しか受け付けなくなり、出産まで週に何度か和食を届ける活動も行っている。ドイツで老後を迎える日本人グループの草分け的な存在である。

②ハンブルグ（Hamburug）友の会

ミュンヘンの友の会の活動を参考にし、ハンブルグ在住のある1人の高齢の女性を中心に会が立ち上がる。会員数は14名。1カ月の1回の例会で、認知症や介護に関する勉強会を行っている。また、過去、うつ状態にある1人暮らしの高齢の日本人女性宅を訪問し、話し相手や身の回りの援助を行い、この女性の症状の改善に貢献してきた。その他、特別養護老人ホームに入所している日本人男性を訪問し、日本語での話し相手の活動も行っている。

③デュッセルドルフ（Düsseldorf）交流サポートセンター「竹の会」

2007年に設立。設立当時8名であったが、現在、約55名の会員。在独邦人の高齢問題についての勉強会はもちろん、「地域に密着したボランティア活動」「現地の人々の共存」など、ドイツ人社会との融和も目指している。具体的活動としては、地域のドイツ人の高齢者と日独の歌と詩を盛り込んだ時間を共有、「折り紙ボランティア」の定期開催、地元諸団体と日独交流のための「あじさい祭り」を共催などである。また、会員/非会員に限らず、必要に応じて要介護者の精神的支え役/日本の家族とのコンタクト役/ドイツ人専門家との仲介役も活動の一環である。

過去にドイツ人高齢者に対し介護施設での配膳、食事介護などの手伝いなども実践している。その他、長いドイツ生活体験者として在独邦人の生活の悩み、育児、教育についての相談を受けたり、 太極拳を通しての健康つくりなどの活動も行っている。異なる文化を背景に持つ在独邦人が高齢化しても安心できる環境を整えるために、日独間の文化の違いから生じる生活上の問題を認識し、世代を超えた日独人の交流を通じて相互文化の理解を深め、ドイツ社会における邦人の高齢化に備えるべく会の定着に日々努力している。

④シュトゥットガルト（Stuttgart）まほろばの会

シュトゥットガルト市内及び、近郊に在住の日本人・親日家のドイツ人が集まり、一般生活や老後の生活についてドイツの生活システムを学び、将来の老後生活に備えて、相互扶助のネットワーク作りを目的としている。定期的な懇親会、講演会、勉強会、施設見学、生活情報交換、日独文化交流を通じて相互理解を深めている。高齢者だけでなく、若い在独邦人との交流も目指している。現在、会員数は20名である。

設立当初、シュトゥットガルト日本国名誉領事館に勤務をする日本人女性が中心となり、「ドイツで日本人の老後を考える」というテーマで講演会を開催し、ドイツでの老後生活（年金方法、遺産、老人ホームへの入所など）の勉強会を開催し、地道に仲間を増やしてきた。

以上のような自助グループ以外にベルリン、フランクフルト、ハイデルベルグなどの各都市に自助グループが設立されて来ている。今後、会員のなかに重度な認知症や寝たきり介護の必要な状況が生じたとき、これらのグループだけの力だけでは、援助の限界が生じて来よう。例えば、長期間、ドイツで生活をしていた在独邦人がアルツハイマー症になり、日本語のみしか話さなくなり、徘徊を始めた場合、ドイツで日本語による治療を受ける老人病院や相談機関は存在しない。2010年にベルリンの日本大使館が各都市のドイツ在留邦人の高齢者グループに生活実態とニーズのヒアリング調査を実施したことからもこの問題に対する重要性が理解できよう。

3　介護マンパワー

(1) 介護マンパワー（老人介護士）

ドイツでは、1969年に高齢者介護の専門職である老人介護士（Altenpfleger）の養成が始まっている。老人介護士養成教育は、当初、1年間の教育課程であったが、その後、2年課程となり、2003年1月「老人介護の職業に関する法律」の制定に伴い、国家資格化、養成教育の期間が3年間となっている。養成期間が3年になった背景には、施設支援から在宅支援を支える為にカリキュラムの変遷、他職種職との連携の強化、老人介護士を理学療法士や看護師などの医療職の資格者と同等の資格を持たせる意図があったようである（保住2009）[7)]。

教育カリキュラムでは、養成校のなかで2100時間の理論と現場での実習にて学ぶことが課せられている。その主な内容は、介護領域（840時間）、医学領域（350時間）、社会福祉領域（300時間）、法律（120時間）などである。実習時間は3000時間を、老人ホーム（2000時間）、在宅介護支援センター（450 時間）病院（350 時間）、ホスピス病棟（200 時間）にて行うことが規定されている。実習の仕組みとして、教育と職業訓練を同時に進めていくデュアルシステムを採用している。学生は、実習先とのあいだで「訓練契約」を結びインターシップとして賃金（報酬）を受け取りながら、理論と実務を兼ね備えた実習を行っており人材育成のシステムが体系化している。老人介護士の主たる就職先は特別養護老人ホーム、日本の在宅介護支援センターにあたるソーシャルステーション、デイサービスセンターなどが中心となっている。

日本とドイツの介護福祉士（老人介護士）養成校の学生達に対して、介護意識に関する調査を実施し、国際比較を行った調査結果が報告されている（三原・横山 2005）[8)]。以下、その調査結果の要約である。

調査対象者：日本（333 名）、ドイツ（174 名）の養成校の学生達。

①学生の年齢層：日本（約 87％が 19 歳から 20 歳、98％が女性）、ドイツ（20 歳から 50 歳と幅広く、20％が男性）。

②介護職への動機づけの理由：日本（家族などの身内に高齢者がいた、福祉や介護に関心があった）、ドイツ（人の役に立つ仕事がしたい、将来性がある）。

③他職種との連携：日本（看護師などとの連携の必要性がある）、ドイツ（看護師との対抗意識が強い）。

④介護のあり方（介護について配慮する面）：日本（健康、余暇活動、地域社会とのつながり）、ドイツ（健康、機能回復訓練など）。

調査結果の特徴：ドイツの養成校では、日本のように限られた若い年齢層のもの達だけが介護福祉士を目指していなかった。ドイツでは、わが国のホームヘルパーや施設職員の介護者を対象とした国家試験がなく、資格取得には養成校での卒業が条件になっているため、他の職種からの転職者などの高い年齢層者が入学し、その結果、学生の年齢層が高くなっていることもの一つの要因と考えられる。

介護の動機づけには、ドイツの学生達には日本の学生達のように「家族に障害者や高齢者がいるから」と回答する者が少なく、家庭環境が学生の介護職の動機づけにあまり影響を与えていない。これは、ドイツでは、若者は中学校や高校を卒業すると、両親から離れて早く自立した生活を過ごすため、家庭で祖父母と同居する機会の少なさが一つの原因となっているのではないかと考えられる。

他職種との連携は、ドイツの学生達がわが国の学生よりも看護師との対抗意識を強く持っており、ドイツの学生達は、介護福祉士の資格に強い誇りを持っていると思われる。例えば、ドイツの介護福祉士養成校の学生達と面接したとき、「看護師は、医師の指示に従って高齢者の看護業務を行うが、介護福祉士は自由に介護計画を立て、高齢者の社会生活全般に介入できるので、看護師よりも幅広い社会的援助ができる。」と学生達が強調していたことからもこの点が理解できよう。

介護のあり方については、わが国の学生達は、ドイツの学生達に比べて、高齢者の「余暇活動」「地域社会とのつながり」など重視するといった社会的・文化的生活を考慮し、ドイツの学生達は日本の学生達よりも、介護のなかで機能回復訓練などの医療的ケアを重視している点が特徴的である。

[注]

注 1) ここでは、メアテス（2006）[1)]「ドイツにおける介護保険」第 14 回日本介護福祉学会大会、発表報告要旨集、187 を中心にまとめた。

注 2) ドイツでは、州によっては、認知症高齢者に対して特別な給付が行われている所もあるが、その給付額は決して多くはないようである。

注 3) ドイツにおける高齢者福祉サービスについては、西村洋子編（1999）介護の発展[3)]. 介護概論, メジカルフレンド社, pp18-29. からの一部転載による。

注 4) 外国人高齢者（トルコ人）に対する施設サービスについては、三原博光著（2004）介護の国際化[5)], 学苑社, 35-37.「外国人高齢者に対する施設サービス」からの一部転載による。

[引用文献]

1) アンスガール・シュトラッケーメアテス（2006）ドイツにおける介護保険.
第14回日本介護福祉学会大会，発表報告要旨集：187.

2) 三原博光（2007）介護福祉学を日本から世界に向けて――ドイツ、韓国、
日本の介護保険．介護福祉学，14巻1号，10.

3) 三原博光（1999）介護の発展．介護概論, 西村洋子編, メジカルフレンド社,
18-29.

4) 古瀬徹（1990）老人福祉と介護問題. 社会保障研究所編, 西ドイツの社会保障,
東京大学出版会，355-380.

5) 三原博光（2004）外国人高齢者（トルコ人）に対する施設サービス．介護
の国際化，三原博光著，学苑社，35-37.

6) 三原博光・横山正博（2001）海外在留邦人の老後意識について．介護福祉学9,
116-123.

7) 保住芳美（2009）ドイツの老人介護士養成教育およびその教員養成システ
ムについて．川崎医療福祉学会誌18（2），337-346.

8) 三原博光・横山正博（2001）日本とドイツにおける介護福祉士養成校の学
生たちの介護意識の国際比較．ソーシャルワーク研究26（4），51-55.

[参考文献]

鬼崎信好・増田雅暢・伊奈川秀和　（2002）世界の介護事情．中央法規出版.

宣賢奎（2010）日本・ドイツ・韓国の介護保険制度の比較考察．共栄大学研究
論集第8号.

増田雅暢（2008）日本・ドイツ・韓国の介護保険制度の比較考察．上智大学社
会福祉研究.

三原博光（2011）ドイツと日本の高齢者介護の国際比較．日本在宅ケア学会誌.

第13章 アメリカの介護

1 はじめに

筆者は、数年間アメリカに滞在していた経験があり、現在にいたるまで多くのアメリカ人と接する機会が継続している環境にある。このような経緯から、アメリカの介護事情にも触れることができた。ここでは、アメリカの介護について、文献とアメリカ人へインタビューを行った結果を報告する。

2 アメリカの高齢者保健制度の特徴

アメリカでは、1946年から1964年生まれである戦後のベビーブーマー世代が年齢を加えるにつれ、徐々に高齢化が進んでいくことが予想される（小澤，2012）[1]。アメリカ国勢調査局の発表によると、2011年は人口の13.3％が65歳以上であったが（United States Census Bureau）[2]、2025年には18.2％になるとされ（UN World Population Prospects, 2010）[3]、介護の問題も更に深刻化していくと考えられている。アメリカは、「市場原理主義」を医療にも導入した結果（瀬端，2010）[4]、医療費と医療保険料が急騰した背景がある。更に、1980年代にレーガン政権が「小さな政府」への移行を押し進めたことから、市民の問題は民間で解決し、政府は最小限の支援に留める様に政策をとった（岡田，2002）[5]。この「市場原理主義」と「小さな政府」は、アメリカ国民に対して、自己負担と自己責任を介護においても追及させることになっていった。1997年、WHOの医療制度達成度と医療支出の調査報告によると、アメリカの医療支出と1人当たりの医療支出のGDP（Gross Domestic Product：国内総生産）との比率は、世界第1位であった（石村，2006）[6]。しかしながら、健康寿命は世界第24位に留まっている（石田，2012）[7]。このことから、世界で最も高い医療費を支払うということは、即ち国民の収入と蓄えが健康維持に大きく影響を与えることになるのだと考えられる。

(1) 保健医療制度

アメリカには日本の様な公的介護保険制度は無く、いまだに介護に関する公的な支援は非常に少ない。アメリカの公的医療保険制度には、メディケアとメディケイドの二つがある。メディケア（Medicare）は、65歳以上の高齢者、身体障害者（年齢不問・一定の資格を満たす者）、慢性腎不全患者を対象とした医療保険である。これは、あくまでも医療保険である為、介護や福祉サービスに対しての支払いは、医療と関わりがあるごく一部のみにしか適応されない。メディケイド（Medicaid）は、低所得者を対象にした医療扶助制度である。低・無所得である、若しくは介護によって資産を使い果たしてしまった場合、メディケイドが生存への最後の砦として使用される場合が多い。近年の長引く不況により、大量の失業者と低所得者を輩出した結果、メディケイドの受給者数が急増した。更に、高齢化によるメディケア受給者の増加と、2008年に生じた金融危機による財政赤字の拡大により財源確保が非常に厳しくなっている。この様な財政難の中で、介護に関しても同様に厳しい現実が突きつけられている（石田，2012）[7]。また、介護保険は民間の保険会社によっても提供されているが、保険料が高額である為、ごく一部の人達が利用するに留まっている。

(2) 高齢者側の介護事情

高齢者側にある介護事情を難しくしている理由には、①所得の格差、②症状、③人種、④宗教などがあげられる。

①所得の格差

公的介護保険制度が無いため、所得や蓄えによって望んでいる介護が受けられるかどうか決定づけられる場合が多い。蓄えがあれば、ケア・ワーカーを雇ったり、24時間体制で介護要員を自宅に滞在させるなど、住み慣れた場所で思い通りの介護を受けることも可能である。米高齢者対策局の「高齢者統計:2011（A Profile of Older Americans : 2011）」によると（A Profile of Older Americans, 2011）[8]、2010年度の高齢者を含む家族世帯の平均年間所得はおよそ4万6000ドルであった。高齢者の9％は、法定貧困レベルより低い所得であり、更に高齢者の5.8％が貧困層に近い所得水準であることを含めると、約6人に1人は経済的に困窮していると考えられ、介護ケアを実費で行うことが如何に難しいかが想像できる。

②症状

症状が軽ければ、介護援助者や家族からの少しの助けによって何とか生活していくことも可能であるが、症状が深刻化してくると家族だけのサポートでは当然難しくなる。介護を必要とする状態が長期的に続くことが予想される場合、一時的なケアだけではなく、先を見越した介護計画をしていかなくてはならない。家族だけの介護では難しい状況になると、在宅介護サービスの利用や、ナーシング・ホームなどの施設入居なども視野に入れることになるが、経済的な工面をどの様に行っていくのかが最大の課題になりうる。

③人種問題

Gillick と Fishmman（2001）は（Muriel R. Gillick; Len Fishman, 2001）[9]、ユダヤ系アメリカ人の利用者が、ナーシング・ホームで出された食事を一切口にすることが出来なかった事例をあげている。それは、ユダヤ系アメリカ人の食習慣と通常ナーシング・ホームで出されている食事の違いが原因になっていた。アメリカは多民族で構成されている国であり、ナーシング・ホームも人種を考慮に入れて多様なサービスを考える必要性が出てくる。大都市のナーシング・ホームのなかには、各人種によって場所を住み分け、その人種独自のイベントや風習を重んじて運営するなど工夫がされている所もある。

④宗教

ある程度大規模のナーシング・ホームでは、牧師や神父などの聖職者が定期的に訪問してくれ、利用者と関わりを持つことにより、精神的な支えに貢献してくれている。しかし、小規模のナーシング・ホームにはこの様な働きが無い場合もあるなど、ナーシング・ホームによって違いも生じている。アメリカにおいて利用者の信仰心の尊重は、メンタル・サポートとして重要であり、どのように介護現場でこれらのニーズを満たしていくのかが、利用者の満足度を高めることに繋がるであろう。

(3) 介護提供者側の介護事情

介護援助者側にある介護事情を難しくしている理由には、①女性の社会進出、②住居の距離、③住宅事情などがある。

①女性の社会進出

何時の時代も、女性が介護を提供する中心的な役割を担う場合が多い。米国国勢調査局が2006年に発表した推計によると、アメリカ人成人女性の就業率は70%にのぼっている（平山, 2011）[10]。多くの女性が仕事を持っている為、介護に費やす時間を捻出するのは厳しいことが解る。1993年に、家族･医療休暇法（Family and Medical Leave Act）が制定され（The Family and Medical Leave Act of 1993）[11]、家族を介護する為に休暇が取りやすくなった。この法は、従業員50人以上を抱える雇用主は、従業員に対して年に12週間の無給休暇を認めなければならないとしている。しかし、無給休暇を取ることによって介護援助者側の生活が脅かされたり、職員が50以下の小規模な職場においてはこの法律は適用されないなどの問題も挙げられている。また、就業している女性達は、介護の為に無給休暇を取ること自体、気が引けると考えている場合が多く、この法律の持つ本来の目的に到達するにはまだ時間がかかりそうである。働く介護援助者が、サービスを長期購入するとなると経済面の困窮が見込まれ、仕事と介護の両立が厳しくなることが解る。在宅サービスの充実も大切であるが、介護援助者の精神的・物理的・経済的負担が軽減される直接的な解決策には何があるのかを新たに考えていく必要がある。

②住居の距離

親の介護が必要になった場合、親と同居している、若しくは親と至近距離に住んでいることは、介護支援するにあたり出現する問題を軽減できるであろう。しかし、親と遠く離れた場所に住んでいる場合、介護の問題は深刻になると思われる。親を遠距離で支援する時に多く問題として挙げられるのは、直接的な介護支援が出来ない、親がケア・ワーカーなどの利用を拒否する、親がケア・ワーカーなどから適切な介護を受けられているか確認できないなどである。また同居を視野に入れて介護を考える場合に発生する問題として挙げられるのは、親が家族には迷惑を掛けたくないなどの理由から家族からの介護を拒否する、親を呼び寄せて介護することが不可能、親が住んでいる場所を離れられないなど、介護を受ける側も施す側も厳しい決断を下さなくてはならない場合がありうる。

③住宅事情

高齢になった親を介護するには、現在の住まいが介護するにあたり適当かどうかも視野に入れなければならない。それは、介護が出来る様にトイレや風呂場の改良や、段差を無くすなどの環境面の整備も必要になってくるであろう。また、介護の為の余分な部屋が無いなどの住宅事情から、親を呼び寄せること事態が不可能になる場合も考えられる。このように、介護援助者が、親の介護を引き受けたくても、様々な住宅事情が妨げになることもある。

3　アメリカの介護施設

アメリカの介護は、大きく施設ケアと在宅ケアの二つに分けることが出来る。施設ケアには主に、①ナーシング・ホーム、②アシステッド・リビング、③コンティニュイング・ケア・リタイアメント・コミュニティがあり、多くの場合は介護度の高さによって入居先が選ばれている。

①ナーシング・ホーム

ナーシング・ホームは、退院後の医療・看護やリハビリテーションなどの医療的支援と、食事・入浴・排泄などの日常生活に必要な援助を提供している入居型の施設である。ナーシング・ホームの専門的看護施設（SNF：Skilled Nursing Facilities）では、高齢者が入院後に継続的な治療が必要な場合、医師、看護師、それ以外の医療系専門職（OT や PT）などによって医療的サービスが提供される。ナーシング・ホームは、本来高齢者対象の施設ではないが、現在ナーシング・ホーム入居者（165 万人）の約 9 割が 65 歳以上である為（認知症介護情報ネットワーク[12]）、介護ニーズが増え、慢性的疾患や終末期医療が要求されるなど、人生の最終ステージを過ごす重要な場所になってきている。2010 年の調べでは、SNF の費用は、メディケアが始めの 20 日間分の全額と、21 日から 100 日の 80 日間は共同保険額の 148 ドル以外を支払うことになっている。メディケアが SNF の費用を保障する為には、3 日以上の入院暦と、医師から専門的な看護が必要であるという指示がなくては適応されない（Medicare Skilled Nursing Facility Self Help Packet[13]）。一般介護施設（Nursing Facilities, Intermediate Care Facilities）では、医療的補助以外の日常生活のサポートを行う。2004 年に行われたナーシング・ホーム国税調査（National Nursing Home Survey）の報告によると、現在あるナーシング・ホームの数は約 1 万 6100 箇所であり、その運営形態は営利系が 61.5%、非営利系が 30.8%、そして政府他が 7.7% である[12]。アメリカ国内のナーシング・ホーム（個室）の平均的な日割り入居費は、2010 年は 229 ドル、2011 年には 239 ドルとなり、なんと 1 年で 4.4% も入居費が上昇した。年間で算出すると、個室は 8 万 7235 ドルと高額で、長期療養をするには経済的負担が深刻になることが解る（metLife Market Institute, 2012[14]）。このような、ナーシング・ホーム入居費の値上げは、医療費の長引く高騰が関係しており、今後も上昇し続けるであろうと予想されている。ナーシング・ホームは、利用者の費用負担が大きい為、入居者の半数近くは 1 年以内に施設を出ている現状がある。一方、メディケアとメディケイド対象のナーシング・ホームは、1999 年より毎年減り続けており、入居者も同様に減少している。

これは、社会保障の資金ぐりが厳しくなってきたことから、高齢者介護は施設ケアから在宅ケアへと移行していっている現れであると同時に、在宅ケアを担っている家族の介護負担が更に深刻化していくであろうと予測される。

②アシステッド・リビング

アシステッド・リビングは、症状がそれほど深刻では無く、少しの支援さえあれば自立した生活が送れる場合によく選択される「サービス付き住宅」である。例えば、食事を作ることが出来ない、お手洗いの介助が欲しい、部屋の掃除が難しい、病院などへ行く為の移動が出来ないなど、24時間誰かの助けを必要とする程ではない場合に用いられることが多い。アシステッド・リビングは、メディケイドのサポートは殆ど無く、多くは自費で支払われている。しかし、介護の必要性が低ければナーシング・ホームよりも安価で独立した生活が送れることが利点である。アシステッド・リビングの入居費は、入居時の契約内容、利用サービスの種類、そして立地条件や部屋のサイズなどによって大幅に異なる。また、運営形態に一定の基準は無く、見回り程度のサービスしか行っていない施設もあれば、介護度が高い利用者の対応も出来る施設もあり、提供されている介護サービスも一様ではない。そのため、施設に備わっているサービスの種類や内容によっても、入居費用に差が生じる。2011年の調査によると、入居費の月額の平均は3477ドルであった(metLife Market Institute, 2012)[14)]。しかし、入居中に入居時に指定した介護サポート以外の支援が必要になった場合、追加料金が発生するなど入居費は変動することがある。

③コンティニュイング・ケア・リタイアメント・コミュニティ

コンティニュイング・ケア・リタイアメント・コミュニティは（CCRC：Continuing Care Retirement Community)、高齢者の住宅に、介護や医療ケアが出来る設備を併せ持つ総合施設である。プールやジム、映画鑑賞ルーム、テニスコート、更にはゴルフコースなども備えられている場所もあり、また、施設内において様々なイベントや行事が執り行われるなど、老後に必要だと思われるレクリエーションから介護支援にいたるまで幅広く、長期に渡るサポートが出来るように設計されている。高齢者のニーズは、時の経過と共に変わってくる。例えば、自宅で生活している時と同じ様に、自分の部屋を思い通りに変えたり、また、介助や介護のニーズの変化が当然出てくるであろう。CCRC は、このような利用者の生活の経過に伴う変化に対して柔軟に対応するようにデザインされており、突然病気になったり、特別な介護が必要になっても、別の場所に移動するなどはせずに、現在おかれている場所で必要なサービスを継続して受けることが出来るのである。入居費は、施設の規模、サービスの内容、部屋の広さ、立地条件、契約条件によって大きく異なるが、2010 年の調査によると、おおよその入居時の支払い金額は 2 万から 50 万ドル程で、年間に支払う平均金額は約 23 万 9000 ドルであった（Today's Continuing Care Retirement Community, 2010）[15]。更に、医療や介護などで基準のサービスを超過した場合には、追加料金が発生することもある。しかし、一生涯安定したトータルサポートが得られるメリットを考えると、自宅を売却してでも CCRC に住みたいと考える高齢者が存在することは頷ける。

④アメリカの在宅ケアの特徴

在宅ケアは、施設入居を出来る限り短くし、高齢者が介護支援を受けながら住みなれた場所で、できる限り自立した生活が送れるようにする為、重要な役割を担っている。2000 年に、米国高齢者法（Older Americans Act）が基礎となり、全国家族介護者支援プログラム（National Family Caregiver Support Program）が制定された。その内容には、連邦、州、地方などの政府が、高齢者とその介護者に対して、サービスを提供することを保障している箇所がある（The National Family Caregiver Support Program, 2000）[16]。これにより、施設から在宅へという考えは、更に推し進められることになった。1880 年代より、多様な在宅ケア・サービスを提供し始めたという長い歴史があるが、現在に至っても多くの高齢者がこれに頼っている。それは、2008 年の調べでも解る通り、760 万人が急性疾患、長期の疾患、障害、末期の疾患患者が、1 万 7 千人の専門・非専門のワーカーによって在宅ケアを受けているのである。在宅ケアには、医療サービスと介護・生活支援サービスに属するものがある（The National Association for Home Care & Hospice, 2008）[17]。医療サービスは、看護、理学療法、作業療法、言語療法などの各種療法を、看護師、在宅看護助手、各種療法士が行うものである。介護・生活支援サービスは、食事・入浴・排泄の介助、食事の準備や掃除、付き添い、娯楽にいたるまで幅広いサービスがある。これらのサービスは、ケア・ワーカーや在宅介護助手によって行われている。メディケアは、病院退院後にも継続した医療提供が必要で、医師の指示があった場合に限り、決められた期間でのみ在宅ケアの支払いを行っている。しかし、身体介護や食事介護などの在宅ケアのカバーは無い。このことから、家族が在宅ケアの一番の担い手になり、「無償の奉仕」を余儀なくすることが、何時の時代も問題視されている。しかし、別の視点に立って考えると、家族から得られる支援は「お金では買えないもの」で、「どのような在宅ケアサービスのなかにも見つけることのできない特別なケア」であるのである。このようなことからも、家族からの介護支援の重要性を伺い知ることができる。

⑤アメリカのケア・ワーカーについて

アメリカでは、多くの外国人がケア・ワーカーとして働いている。ケア・ワーカーの仕事は、近年まで労働内容や質の向上などの見直しは殆どなされていなかった。それは、介護支援が移民や有色人の女性達によって行われてきた歴史があることも理由の一つに挙げられる。しかし、高齢化社会に突入し、ケア・ワーカー不足が深刻な問題になってきたことにより、この職業にようやくスポットライトが当たってきた。ケア・ワーカーの仕事は、賃金が低いだけでなく重労働で、キャリア・アップが期待できないことも追い討ちをかけ、離職率も高い。2000年の調べでは、病院や施設で働く准看護助手（Certified Nursing Assistant：CNA）の平均時給は8.89ドルで、年収は1万9100ドルである。在宅ケア・ワーカーの平均時給は7.64ドルで准看護助手よりも低く、貧困ラインを下回った賃金で生計を立てていることが解る（牧田, 2006）[18]。また、ケア・ワーカーは、時給によって賃金を得ている場合が殆どで､安定した収入が入らないのが現状である。その為、別の仕事を掛け持ちしていたり、学生や幼い子供がいる母親や高齢者、また移民労働者で構成されている特徴がみられる。メディケイドやメディケアの支援がある施設で働いている准看護助手や在宅看護・看護助手は、規定の訓練を受けることを義務づけられている。しかし、在宅ケアで介護をするケア・ワーカーについては、特別な訓練を受けるシステムは存在しない。今後、ケア・ワーカーを確実に確保する為には、職の安定、賃金の見直し、介護の質の向上、一貫した教育をすることが望まれるであろう。

4　アメリカ人の介護意識について

(1) アメリカ人へのインタビュー事例

〈事例 1〉　軽い認知症を持つ高齢の父親をアシステッド・リビングに入居させ、妹と 2 人で看取った A さん

（女性、既婚、子供 2 人、白人、65 歳）

①介護時の様子

A さんの父親は、軽い認知症があったものの自活できていた。母親が他界してからは、A さんの妹が父親の近くに住んでいた為、主に父親の世話をしていた。何度も、父親の今後について A さんと A さんの妹は父親と話し合いを持とうとしたが、父親は聞き耳を持たなかった。ある時、父親が激しく転倒し、病院に搬送され入院した。この怪我を境に、A さんは父親に娘のどちらかと一緒に住むか、定期的にケア・ワーカーに来てもらうかの選択を迫った。しかし、父親は「どちらも、ごめんだ！」の一点張りで話が進まなかった。しかし、A さんと A さんの妹は、継続して真剣に父親の今後を話し合い、頑固な父親のことを考えると「アシステッド・リビング」に入居させるしかないと結論を出した。幸いにも、A さんの妹の自宅近くに良い施設をみつけ、父親の了承を得て入居させることができた。人嫌いの父親の為を思い、施設では見守り程度のケアをして

もらうことにした。当時、Aさんと Aさんの妹は共に仕事を持っていた為、月曜日から金曜日まではAさんの妹が、Aさんは週末に父親を訪ねて、掃除や洗濯、そして話し相手になるなど父親を支援し続けた。この様に、父親が入居したといえども、AさんとAさんの妹の2人は、父親を見舞う日が続くことは解っていた。しかし、全ては父親の意見も聞きながら姉妹でじっくり話し合いを持った結果であり、揉めることなく最後まで父親を支援することができた。Aさんの父親は、軽い認知症があったが、それ程症状が深刻にならなかったことが幸いし、アシステッド・リビングのスタッフの見守りと家族の支援だけで介護ができたのではないかと振り返った。また、AさんもAさんの妹もそれぞれ仕事をしていたが、子供達が既に独立しており、その環境も介護を継続できた理由の一つであったと語った。

〈事例2〉　准看護助手（Certified Nursing Assistant）として病院に勤務しているBさん　（女性、既婚、子供2人、アジア系、35歳）

①親に介護が必要になった時

Bさんが育ってきた時と同じように親と一緒に住み、BさんやBさんの子供たちが両親の介護をすることが理想であると考えていた。Bさんは准看護助手として病院に勤務していることから、両親を施設に入居させるという選択にもそれほど抵抗はないと考えられているが、Bさんが勤務している病院であるならばとの条件つきであった。それは、病院の内部情報を熟知していることや、医療設備もしっかりしており、入居者に対しての支援も整っていることを挙げていた。しかし、両親を施設に入居させるのは最終手段であり、自宅で出来る限り長く親と共に過ごしたいと考えていた。

②自分に介護が必要になった場合

医療の整った施設に入居する方が、最終的にBさんやBさんの家族にとっても良い結果になるのではないかと考えていた。Bさんが介護を必要とする時には、子供たちも仕事を持ち、それぞれの人生を歩んでいることを想定すると、できる限り子供達に迷惑を掛けたくないという強い思いがあった。病院のなかで高齢者が、ちょっとした病気や怪我にもかかわらず、容態が急変した場合を多く目の当たりにしてきていた。その経験を踏まえて、ナーシング・ホームで人生の最後を送ることに対してとても前向きであった。

③准看護助手として思う事

入居者の家族の多くは、肉親を施設に入居をさせたことに対して申し訳なさを持っているのではないかと語った。それとは裏腹に、入居者は「いつかは家に帰りたい」と8割位が、そして「気兼ねなく施設で最後を送りたい」と2割位が思っているのではないかと言う。このことから、入居者とその家族は、それぞれが違う葛藤を持ちながら日々生活しているのだと伺い知ることが出来る。入居者は、彼らの命と精神的な面にいたるまで准看護助手に「委ねている」と実感していた。それは、准看護助手は医師や看護師より何倍も入居者の命に近い位置にあり、入居者は「准看護助手に最後を看取ってもらうのだ」という「究極の関係性」が双方にあるのだと常に認識して仕事をしていると語った。Bさんが多くの入居者や高齢者と接してきて学んだことは、「人の命は想像する何倍も強く、そして壊れやすい。」ことである。それは、一晩で容態が激変し、今日見る姿を明日見れるとは限らないという経験を何度となくしてきたからである。今日は歩いていたが、次の日から寝たきりになったり、また今日は食事を1人でとれていたにもかかわらず、次の日には肺炎をおこし亡くなってしまったり、毎日がドラマの様であると振り返った。それ故に、准看護助手の仕事はやりがいがあり、それと同時に人の命と密着している重要な立場であると常に認識していると述べた。

〈事例3〉 母親を在宅介護で看取り、父親をナーシング・ホームに入居させた経験のあるCさん（女性、既婚、子供3人、白人、70歳）

①介護の時の様子

1980 年に、C さんと父親を中心に、親族や友達を含めて多くの人からの支援を得ながら、母親を在宅で介護し、看取った。母親に対しては、C さんと父親が望むような介護ができ、とても幸せに思ってると語った。母親の介護は 6 週間ほどであった為、どうにか家族や友達などの力を借りながら看取ることができた。しかし、もしこの状態が何年も続くことになっていたとしたら、ナーシング・ホームに入居させることも視野にいれていたかもしれないと述べた。

1990 年代に、父親がアルツハイマーと診断され介護が必要になった時、C さんは父親をナーシング・ホームに入居させる決意をした。決断にいたるまでとても苦しく、そして寂しい経験をしたことを忘れられないと語った。幸いにも以前から父親は C さんに「もし、私に介護が必要になったら迷わずナーシング・ホームに入居させておくれ。例え、私が入居時にお前を困らせる様な発言をしたり、入居を拒絶したりしようとも、決して私に対して申し訳ないと思ったり、罪悪感を持たないと約束して欲しい。」と、繰り返し言い聞かせていた。この様な話を事前に聞けたことは、今になって考えるととても重要な会話であったと振り返った。それは、C さんは一人っ子で、父親の住まいから遠く離れた場所で暮らし、父親に介護が必要になった時に、介護を託す家族がいなかったからであった。C さんの自宅から車で 1 時間半の所に父親のナーシング・ホームがあったが、ほぼ毎週訪問し、できる限り父親と一緒に過ごすように勤めたことが、唯一彼女が父親に対して出来ることであったと述べた。

②自分に介護が必要になった場合

C さんには 3 人の子供がいるが、それぞれ家族を持ち、自宅から遠く離れた所に住んでいる。C さんの父親がしてきた様に、C さんは 3 人の子供たちに「もし、私に介護が必要になった時、迷わずナーシング・ホームに入居させて欲しい。」と既に伝えてあるという。C さんは、子供たちに介護して欲しいとは全く考えは無いと話した。それは、子供たちの生活の妨げになりたくないという思いが強くあり、子供たちにはそれぞれの人生を楽しんで欲しいと願っていたからである。C さんは続けて「子供たちに望むことは、私がナーシング・ホームで介護されている様子を、たまに来てこっそり影で見ているぐらいで丁度いい。」と語った。

③介護現場でのボランティア

C さんは、毎月教会のメンバーと一緒にボランティアとして、2ヶ所のナーシング・ホームを訪問し、利用者の爪の手入れや、爪に美しくペイントを施したり、話し相手になったり、イベントを企画したり、利用者と共に過ごす時間を持っている。利用者が家族であろうがなかろうが、喜びを持って支援していくことが、元気な私たちの使命であると何時も思っていると語った。

〈事例 4〉 年老いた両親と義親の介護を考えている D さん

（女性、既婚、子供 2 人、白人、67 歳）

①親に介護が必要になった時

現在、D さんの両親は D さんの兄の家に移り住み、兄と一緒に高齢ながら健康に過ごしている。その為、今後両親に介護が必要になった場合、兄が主な両親の介護援助者になると考えていた。D さんは両親に、両親の家を売ったり使わなくなったものを処分するなどして、介護が必要になる前に CCRC などに移ることを視野にいれて考えて欲しいと願っていた。しかし、「介護」はまだ彼らにとっては現実味の無いことであり、真剣に受け止めてくれないことが悩みであると語った。現実的に両親に介護が必要になった場合、D さんや D さんの兄弟姉妹もケア・ワーカーの利用は全く考えていないという。それは、継続して利用するには高額になることや、全く知らない他人を介護の為であったとしても家に招くことに対して強い抵抗があった。それは、ケア・ワーカーの様々な悪い評判が流出していることや、両親も家族以外から介護を受けることを嫌うであろうとの考えていたからである。両親をナーシング・ホームに入居させる時には、それなりの罪悪感や申し訳なさはあるであろうが、それと同時に両親は専門的なケアを受けられるというメリットもあると考えていた。もし、入居など介護方針を真剣に考える必要に迫られた時は、先ず街にある高齢者支援センターなどを利用し、Dさんの両親や家族などの状況に応じた良い支援策を聞くなど、専門機関の利用の必要性を述べた。Dさんは、両親や義父母をDさんの自宅に呼び寄せて介護をするという考えは全く無かった。それは、両親と義父母は彼らの自宅を離れるくらいならば施設入居を選択するであろうと予想していたからであった。もし、両親がDさんの介護を受ける必要がある場合は、Dさんが両親の家に行くか、若しくは移り住むことになるだろうと述べた。

②Dさんの母親が祖母を介護していた時

Dさんの母親は、78歳になるまで祖母（98歳）を介護していた経験がある。母親が75歳になった辺りから、Dさんは母親が体力的にも精神的にもとても厳しい状態になっていることを悟り、DさんとDさんの兄弟姉妹が母親を説得し、祖母をナーシング・ホームに入居させ、母親を祖母の介護から開放した。祖母は、友達がいることを理由に、郊外のとても静かな場所にある施設を選んだ。しかし、その選択は結果として、祖母を自宅付近の友達から遠ざけることになり、祖母にとって厳しい選択になってしまった。祖母は、民間の介護保険に加入していた為、自立した生活が出来なくなった時に備えているものだと家族は思っていた。しかし、祖母は入居後も、空っぽになった家や、乗らなくなった車を処分することを拒絶し続け、いつかは家に戻ろうと企んでいた。この様なことから、Dさんの母親やDさん、Dさんの兄弟姉妹にとって、祖母をナーシング・ホームに移してから亡くなるまでの約1年間、とても精神的に厳しい日々が続いたと振り返った。

5　アメリカ介護の展望と課題

多くのアメリカ人に対してインタビューを行った結果、高齢者に対して出来る限り在宅で介護を施し、それに限界がきた時にナーシング・ホームなどの施設に入居させることを視野にいれる考えが多いことが解った。85

歳以上の高齢者の24％が施設に入居している現状を考えると、家族は施設が肉親の人生最後の「住まい」になりうることを念頭に置いて慎重に選ばなければならない。多くの施設の中からどの様に「信頼できる施設」を見つけ出すかは、家族にとって至難の業である。施設選びには、各州にある介護オンブズマン制度の活用もできるが、それよりも重要なのは「信頼できる人」からの施設に関する情報入手や、「非公式」の情報を集めることであろう。また、心理的支援として牧師や神父など聖職者の訪問の有無、利用者の家族の出入りの頻度、ボランティアの活動状況なども確認すべき項目である。更に、利用者の家族会などの例会が行なわれる時は必ず出席し、直接利用者とその家族から話を聞くことは正確な情報入手ができる近道であろう。

約80％の高齢者介護は、主に家族によって行われている現状があるなかで、介護サービスの多様化も必要であるが、それよりも家族や介護援助者への支援を充実させることが望まれている様に感じた。それは、インタビュー協力者それぞれが「介護に対して不安に思っている」と述べたことからも悟ることができた。在宅ケアにおいて、ケア・ワーカーの質の問題などにより､安心して介護を任せることが出来ないという意見もあげられ、根深い在宅介護の問題を垣間見ることができた。ナーシング・ホームは、アメリカ高齢者法（American Older Act)、介護オンブズマン制度（Long-term Care Ombudsman Program)、ナーシング･ホーム改革法（Omnibus Budget Reconnciliation Act of 1987）などが制定されてから、施設や施設介護の質が改善されてきている。しかしながら、在宅ケアのサービス向上に関しては、まだ十分な制度が無い。今後の課題として、在宅ケアに関するサービスの質の向上、技術職ではないケア・ワーカーへの一貫した教育プログラムの確立、ケア・ワーカーの職の安定、そして家族や介護援助者に対しての支援が早急に進められるべきであろう。

[引用文献]

1） 小澤幸生（2012）アメリカの高齢者の現状と課題. 国際長寿センター.
2） United States Census Bureau : State and Contry Quick Facts, U.S. Department of Comerce.
3） United Nations, Department of Economics and Social Affairs. UN World Population Prospects（2010）, The 2010 Revision.
4） 瀬端孝夫（2010）市場原理主義とアメリカ――医療、教育、軍事において. 長崎県立大学国際情報学部研究紀要第11号.
5） 岡田美代子（2002）レーガノミックスとアメリカの社会福祉. 立命館大学.
6） 石村久美子（2006）医療制度改革――規制緩和による市場原理と自己責任化. 藍野学院紀要, 第20巻, 97-108.
7） 石田道彦（2012）アメリカの医療保障における財源確保――メディケア、メディケイドの展開. 海外社会保障研究, 51-60.
8） A Profile of Older Americans（2011）Administration on Aging.
9） Muriel R. Gillick・Len Fishman（2001）Nursing Homes and Long-Term Care, Santa Clara University.
10） 平山亮（2011）アメリカの家族介護者支援の現状と課題. 立命館大学人間科学研究所, 27-37.
11） The Family and Medical Leave Act of 1993, United States Department of Labor.
12） 認知症介護情報ネットワーク, アメリカの認知症ケア動向IVアメリカの介護サービス. 1-26.
13） Medicare Skilled Nursing Facility Self Help Packet, Instructions redetermination request form1 2010,Center for Medicare Advocacy, Inc.
14） Market Survey of Long-Term Care Costs（2012）. MetLife Market, Institute.
15） Today's Continuing Care Retirement Community（CCRC）2010, American Seniors Housing Association.
16） The National Family Caregiver Support Program（2000）, Administration

on Aging.

17) The National Association for Home Care & Hospice (2008) Basic Statistics About Home Care.

18) 牧田幸文（2006）アメリカのケアワーカー不足について――日系人高齢者介護とケアワーカーの事例から（その1）．龍谷大学経済学論集 45（5），75–92.

[参考文献]

江口信枝・石黒久美・冨沢美幸（1999）日本における訪問看護活動の問題点と課題　アメリカの老人在宅ケア、コニュニティ活動と日本の老人訪問看護ステーションの活動の比較より．足利短期大学研究紀要代 19 巻，55-60.

鬼崎信好・益田雅暢・伊那川秀和（2004）世界の介護事情．中央法規，191-203.

佐藤百合子（2007）介護サービス従事者の組織化と現状と問題点――アメリカの事例を中心に．自由が丘産能短期大学紀要 第 40 号，21-28.

古瀬徹・前田信男（1992）老人介護マンパワー政策の国際比較．中央法規，22-40.

松本泰子・竹内孝仁・白澤正和（2000）海外と日本のケアマネジメント．中央法規，107-114.

おわりに

私たちは、まさに人生80年時代を迎え、世界でも体験したことのない長寿社会を生きている。2000年に施行された介護保険制度は、高齢者介護を措置から利用へと大きく転換させ、要介護者は措置される客体から、サービスを選択・利用する主体となった。制度改正に連動する形で、在宅ケアの推進や認知症高齢者ケアの重点化や、グループホーム、小規模多機能施設など様々な介護現場を創設してきた。また、介護予防や障害者自立支援法により、介護福祉の対象は、要介護高齢者だけでなく、要支援高齢者や障害者なども含まれるようになった。介護職者には、更なる介護の質の向上と汎用性が求められる時代となり、これに痰の吸引などの医療的ケアも加わり、さらに幅広い生活課題を抱える人々の生活を支える力を求められている。

しかし、時代や社会に求められるものが大きくなっていく一方で、介護は「厳しい割に給料が安い」と言われている。どんな仕事も厳しく辛いのは当たり前であり、逆にやりがいはある仕事として認められているのでそれはよいとしても、給料や社会的評価の低さについては、家庭内の無償の労働として介護が捉えられていることに起因するものと思われる。保育や家事などの家庭内労働も、主に女性の無償労働として捉えられてきたことに対しても疑問を感じるのであるが、ここでは介護について述べることにしたい。

介護が社会化したのは、いわゆる「家族神話の崩壊」と言われるように、高度経済成長期における核家族化の進展やそれに伴う家族機能の弱体化だけに原因があるのではない。かつて行われていた「家庭内介護」そのものが、現在行われている、あるいは求められている「介護福祉」の質や量とは比較できないものであった。かつての農村部における拡大家族にあっても、自分でトイレに行けなくなった高齢者は、本人の尿便意があったとしても、おむつを当てざるを得ないのが実情であったし、農繁期には一人で家族の帰りを待つしかない状態であっただろう。その意味で、現在の介護は家庭機能の外部化というより、むしろ家庭の外に出てきたからこそ成立していったものと筆者は考えている。こうした観点から考えた時、介護福祉に対する対価はその算定根拠から考えなおされなければならないのではないだろうか。また社会的評価は、「厳しい現状の中、一生懸命頑張っている人たち」という捉え方から、もう一歩大きく進んで、社会の要請にこたえるべく創設された介護福祉として、家庭介護とは別の次元で評価されなければならないし、同時に介護福祉を行う専門職としては、その責務と倫理を遂行することで社会的評価を向上させていかなければならない。

そして、現場で働く介護職者や家庭で介護されている介護者が、さまざまな事件や報道で、自虐的な思いや肩身の狭い思いをしているとしたら、利用者の主体的で豊かな生活を、そのパートナーとしてともに歩んでいる自分に胸を張って欲しい。また、多くの高齢者が、行く末に不安や絶望を抱いているとしたら、介護者はあなたとともにあってこそ、育てられ、やりがいを感じ、真の専門職者になっていくことを伝えたい。

本書では、介護現場での経験者や、介護現場との結びつきを大切にし介護に関する研究を行っている研究者に執筆を依頼した。従来あるテキストにはみられないような、「高齢者と音そして音楽」や海外の高齢者介護を事例を交えながら構成した。また、2012 年度施行の介護保険法改正などでは、地域包括ケアシステムの構築の推進を、国及び地方公共団体の責務として条文化し、日常生活圏域における介護、医療、予防、住まい、生活支援の５つの取組みが包括的、継続的に行われることを必須にしている。こうした観点から、介護や看護、ソーシャルワーカー、地域住民など、『高齢者の生活』を核として、それに関わる多くの専門職者や地域住民の活動や連携が１冊にまとまるように構成している。高齢者や家族、地域住民や介護職、看護職、ソーシャルワーカーなどが共通して読める内容を含み、さまざまな立場の人々が、互いの活動を知ることで、連携する一助となれば幸いである。

最後に出版に際し、ご尽力いただいた関西学院大学出版会田中きく代理事長、戸坂美果様、執筆頂いた皆様に心より深謝申し上げます。

松本百合美

索　引

こ

さ

し

す

せ

そ

た

よ

ら

り

れ

ろ

執筆者一覧

三原博光（みはら ひろみつ） 県立広島大学教授 ……………………はじめに 12章

永嶋由理子（ながしま ゆりこ） 福岡県立大学教授 ………………………………1章

渕野由夏（ふちの ゆか） 福岡県立大学講師 ………………………… 2章-1

於久比呂美（おく ひろみ） 福岡県立大学助教 ………………………… 2章-2

加藤法子（かとう のりこ） 福岡県立大学講師 ………………………………3章

島野麻里子（しまの まりこ） 心臓血管センター金沢循環器病院 医療ソーシャルワーカー …4章

松本百合美（まつもと ゆりみ） 新見公立短期大学准教授 ……… 5章 おわりに

佐藤三矢（さとう みつや） 吉備国際大学准教授 ……………………5章3-(3)

民安和宏（たみやす かずひろ） 尾道福祉専門学校副校長 ……………5章3-(4)①

松永美輝恵（まつなが みきえ） 新見公立短期大学助教 ………………………6章

吉村淳子（よしむら じゅんこ） 新見公立短期大学講師 ………………………7章

國定美香（くにさだ みか） 県立広島大学准教授 …………………………8章

冨田川智志（とみたがわ さとし） 大阪人間科学大学助教 ………………………9章

小口将典（おぐち まさのり） 関西福祉科学大学講師 …………………… 10章

勝見吉彰（かつみ よしあき） 県立広島大学准教授 ………………………… 11章

笹原義昭（ささはら よしあき） 県立広島大学大学院/NPO法人ウイングかべ… 12章

石田加奈子（いしだ かなこ） 県立広島大学大学院 ………………………… 12章

小林美和（こばやし みわ） 東京福祉大学大学院 ………………………… 13章

編著者略歴

三 原 博 光（みはら ひろみつ）

県立広島大学人間福祉学科教授、社会福祉学専攻、関西学院大学大学院社会学研究科博士課程後期課程修了、ドイツ・ハノーバー大学特殊教育学部留学（ロータリー財団奨学生）、ドイツ・ケルン大学特殊教育学部留学（日本学術振興会）、日独友好賞授与　医療福祉学博士

主な著書：「日本の社会福祉の現状と展望」編者（岩崎学術出版社）、「認知症高齢者の理解と援助」共著（学苑社）、「行動変容アプローチによる問題解決実践事例」単著（学苑社）、「介護と国際化」単著（学苑社）、「障害者ときょうだい」単著（学苑社）、「社会福祉援助技術」編者（メヂカルフレンド社）、「介護概論」共著（メヂカルフレンド社）、「世界の社会福祉　ドイツ・オランダ」共著（旬報社）、「ソーシャルワーク理論を学ぶ人のために」共著（世界思想社）、「エンパワメント実践の理論と技法」共著（中央法規出版）、「医療福祉の分野と実践」共著（中央法規出版）他

主な訳書：「ドイツのソーシャルワーク」単訳（相川書房）、「ドイツの障害児家族と福祉」単訳（相川書房）、「ドイツにおける精神遅滞者への治療理論と方法」単訳（岩崎学術出版社）、「自傷行動の理解と治療」単訳（岩崎学術出版社）他

松 本 百 合 美（まつもと ゆりみ）

新見公立短期大学地域福祉学科准教授、吉備国際大学院保健科学研究科保健科学専攻博士（後期）課程修了、保健学博士、介護福祉士、社会福祉士

主な著書：「認知症高齢者の理解と援助――豊かな介護社会を目指して」共著（学苑社）、「生活支援技術Ⅱ」共著（建帛社）、「介護福祉士養成テキストブック 13 こころとからだのしくみ」共著（ミネルヴァ書房）、「高齢者に対する支援と介護保険制度」共著（久美株式会社）、「介護福祉概論」共著（ミネルヴァ書房）他

豊かな老後生活を目指した高齢者介護支援
保健医療福祉の連携より

2013 年 9 月 20 日初版第一刷発行

編著者　三原博光・松本百合美

発行者　田中きく代
発行所　関西学院大学出版会
所在地　〒 662-0891
　　　　兵庫県西宮市上ケ原一番町 1-155
電　話　0798-53-7002

印　刷　協和印刷株式会社

Printed in Japan by Kwansei Gakuin University Press
ISBN 978-4-86283-147-7